The Past as a Digital Playground

About Access Archaeology

Access Archaeology offers a different publishing model for specialist academic material that might traditionally prove commercially unviable, perhaps due to its sheer extent or volume of colour content, or simply due to its relatively niche field of interest. This could apply, for example, to a PhD dissertation or a catalogue of archaeological data.

All *Access Archaeology* publications are available as a free-to-download pdf eBook and in print format. The free pdf download model supports dissemination in areas of the world where budgets are more severely limited, and also allows individual academics from all over the world the opportunity to access the material privately, rather than relying solely on their university or public library. Print copies, nevertheless, remain available to individuals and institutions who need or prefer them.

The material is refereed and/or peer reviewed. Copy-editing takes place prior to submission of the work for publication and is the responsibility of the author. Academics who are able to supply print-ready material are not charged any fee to publish (including making the material available as a free-to-download pdf). In some instances the material is type-set in-house and in these cases a small charge is passed on for layout work.

Our principal effort goes into promoting the material, both the free-to-download pdf and print edition, where *Access Archaeology* books get the same level of attention as all of our publications which are marketed through e-alerts, print catalogues, displays at academic conferences, and are supported by professional distribution worldwide.

The free pdf download allows for greater dissemination of academic work than traditional print models could ever hope to support. It is common for a free-to-download pdf to be downloaded hundreds or sometimes thousands of times when it first appears on our website. Print sales of such specialist material would take years to match this figure, if indeed they ever would.

This model may well evolve over time, but its ambition will always remain to publish archaeological material that would prove commercially unviable in traditional publishing models, without passing the expense on to the academic (author or reader).

The Past as a Digital Playground

Archaeology, Virtual Reality and Video Games

A cura di

Stefano Bertoldi
Samanta Mariotti

Access Archaeology

ARCHAEOPRESS PUBLISHING LTD
Summertown Pavilion
18-24 Middle Way
Summertown
Oxford OX2 7LG
www.archaeopress.com

ISBN 978-1-80327-266-5
ISBN 978-1-80327-267-2 (e-Pdf)

This book is available direct from Archaeopress or from our website www.archaeopress.com

Atti del seminario The Past as a Digital Playground: Archaeology, Virtual Reality and Video Games, 19-20 aprile 2021.

Impaginazione ed editing: Stefano Bertoldi, Samanta Mariotti.

I curatori del volume non sono responsabili per le dichiarazioni e le opinioni presenti in questo libro. Gli autori sono responsabili di tutte le informazioni contenute nei loro interventi.

Il seminario è un'attività accademica di CAPI (Collina Accessibile di Poggio Imperiale), progetto presentato dal Comune di Poggibonsi, con la direzione scientifica dell'Università degli Studi di Siena (Prof. Marco Valenti), cofinanziato dall'Università stessa, dalla Regione Toscana attraverso il Fondo Sociale Europeo 2014-2020, dalla Fondazione Monte Dei Paschi Di Siena , da Archeòtipo S.R.L. e da Entertainment Game Apps, Ltd., che mira alla valorizzazione digitale e virtuale del complesso monumentale, archeologico e museale di Poggio Imperiale a Poggibonsi (SI).

Proceedings of the workshop The Past as a Digital Playground: Archeology, Virtual Reality and Video Games, April 19-20, 2021.

Layout and editing: Stefano Bertoldi, Samanta Mariotti.

The editors are not responsible for the statements and opinions presented in this book. The authors are responsible for all information contained in their papers.

The workshop is an academic activity of CAPI (Collina Accessibile di Poggio Imperiale - Accessibility of the Poggio Imperiale hill), a project promoted by the municipality of Poggibonsi (Siena), developed under the scientific direction of the University of Siena (Prof. Marco Valenti), and funded by the Regione Toscana, the University of Siena, the Foundation of the bank Monte dei Paschi di Siena, Archeòtipo Ltd. (the private company that manages the archaeological area and the Open-Air Museum), and Entertainment Game Apps Ltd. (a private company specialised in the development of historical serious games). The CAPI project aims at the digital and virtual promotion of the archaeological area and the Open-Air-Museum of the Poggio Imperiale hill (Poggibonsi, Siena).

The Past as a Digital Playground: Archaeology, Virtual Reality and Video Games è stato realizzato con il patrocinio di:

Dipartimento di Scienze storiche e dei beni culturali – Università degli Studi di Siena

Comune di Poggibonsi

Indice

Introduzione

Stefano Bertoldi, Samanta Mariotti

Il presente volume raccoglie gli atti della giornata di studi omonima, svoltasi in modalità web nei giorni 19 e 20 aprile 2021 e patrocinata dal Dipartimento di Scienze Storiche e dei Beni Culturali dell'Università di Siena. Il tema dell'incontro, per quanto variegato e sfaccettato, era incentrato sugli aspetti della valorizzazione e della divulgazione digitale e virtuale delle indagini archeologiche, delle collezioni museali e dei beni culturali in generale, con casi di studio che abbracciavano buona parte d'Europa.

Il seminario è nato in seno al progetto CAPI (Collina Accessibile di Poggio Imperiale), diretto dal Prof. Marco Valenti, finanziato dalla Regione Toscana, dall'Università degli Studi di Siena, dalla Fondazione Monte dei Paschi di Siena, da Archeòtipo s.r.l. e da Entertainment Game Apps, Ltd., che mira alla valorizzazione digitale e virtuale del complesso monumentale, archeologico e museale di Poggio Imperiale a Poggibonsi (SI).

Le esperienze informatiche applicate all'archeologia sono parte integrante della storia degli studi della collina di Poggio Imperiale fin dalla prima metà degli anni '90 del secolo scorso, parallelamente ad una volontà di divulgazione dei risultati di scavo assolutamente pionieristica in quel periodo. In particolare vennero utilizzate applicazioni GIS per la gestione dei dati geografici sia dello scavo che del territorio, database per la catalogazione e la futura analisi dei dati alfanumerici (reperti, unità stratigrafiche, siti archeologici), ricostruzioni tridimensionali, cd multimediali, ma si fece anche un uso sistematico delle illustrazioni di InkLink per spiegare in modo semplice ed efficace le conoscenze acquisite con lo scavo archeologico. Tutte sperimentazioni che sono poi proseguite nel vicino scavo di Miranduolo, soprattutto con l'introduzione del laser scanner e poi della fotogrammetria digitale.

La natura del dato archeologico dello scavo di Poggibonsi è vasta e articolata, così come a diacronia della collina è estremamente complessa e occupa tutto il corso del medioevo: tra la fine del V e il VI secolo d.C., era presente un piccolo villaggio, caratterizzato da case costruite in tecnica mista e con cultura materiale assolutamente omogenea, forse parte di una più ampia proprietà di *possessores* (élite rurale di etnia romana o ostrogota). Il sito fu abbandonato nella seconda metà del VI secolo, rioccupato in epoca longobarda come villaggio di capanne, e poi trasformato in *curtis* nel IX secolo.

Dopo un altro periodo di abbandono, nel 1155 il Conte Guido Guerra avviò un ambizioso progetto per costruire il castello di Poggio Bonizio. Il Conte, forte dell'appoggio dell'imperatore Federico I, riuscì ad allearsi con la città di Siena, che in quegli anni cominciava ad espandersi in quella zona. Nel 1270 Guido di Montfort assediò Poggio Bonizio e la città fu completamente distrutta. Circa quarant'anni dopo, nel 1313, l'imperatore Arrigo VII scelse lo stesso sito per costruire una nuova città, chiamata Monte Imperiale, che doveva essere un vero e proprio presidio del potere imperiale in Toscana. Ma l'avventura di Monte Imperiale fu di breve durata, e la sua fine coincise con la morte di Arrigo in Val d'Era; le truppe fiorentine attaccarono la collina e distrussero nuovamente l'insediamento.

Nel XVI secolo Lorenzo De' Medici e l'architetto Giuliano da Sangallo progettarono di costruire una fortezza sulla collina, ma le mura non furono mai completate e già durante la guerra di Siena la fortezza venne utilizzata solo come deposito per il vettovagliamento.

Successivamente il sito fu completamente abbandonato e nel fondovalle iniziò lo sviluppo della moderna città di Poggibonsi.

Nel corso della due giorni di seminario, al di là delle soluzioni tecniche adottate, per cui si osserva una assoluta eterogeneità, uno degli aspetti più importanti emersi è quello legato al tema dell'emozione: un mondo virtuale è per sua natura freddo, impersonale e isolato, antitetico quindi all'esperienza tangibile della vita quotidiana, che invece è fatta di contatti fisici e costanti interconnessioni tra persone. Il ruolo dell'esperienza virtuale del futuro deve essere quello di stupire, di creare emozioni nell'utente, di educare attraverso il divertimento: in definitiva di accrescere la conoscenza in un pubblico più esteso e variegato possibile, un pubblico fatto in maggioranza di non specialisti.

Il tema della qualità grafica è stato sicuramente uno degli argomenti maggiormente dibattuti: il gap tra ciò che stanno producendo le grandi e grandissime case di videogiochi nel campo dell'esperienza tridimensionale è andato via via, nel corso degli ultimi vent'anni, sempre più ad ampliarsi, rispetto a ciò che possono produrre gruppi di ricerca universitari, anche in collaborazione con professionisti del settore. Del resto, il business dei video games si sta sviluppando e potrà contare su un pubblico sempre più vasto, grazie soprattutto a tre fattori:

- l'abbassamento dei costi della tecnologia che permette ad una parte sempre più grande della popolazione mondiale di accedere ai *devices* necessari;

- le prime generazioni di giocatori digitali (che possiamo individuare nella generazione dei Millennials) che nonostante l'età adulta, non hanno interrotto la loro esperienza videoludica;

- l'affermazione dei videogiochi anche alla popolazione femminile (fino a pochi anni fa i videogiochi facevano parte di un universo prevalentemente maschile).

Il futuro delle esperienze *bottom up* deve quindi seguire una direzione diversa, in cui l'obiettivo non deve essere il miraggio di una ricostruzione fedele e realistica del mondo tangibile; in questo senso saremo sempre e comunque un passo indietro rispetto a chi investe enormi quantità di denaro.

Gli obiettivi che dobbiamo perseguire devono quindi prescindere dalla qualità delle ricostruzioni, dalla tecnica di illuminazione delle superfici negli ambienti di grafica 3D, dalla fedeltà delle animazioni e dei movimenti dei corpi digitali: siamo umanisti e non informatici, il nostro lavoro non è quello di inseguire o imitare altre professioni. Questo non significa rinunciare a tali strumenti, bensì di utilizzarli secondo i nostri scopi e plasmandoli alle nostre necessità.

Questo inoltre, può e deve spingerci semmai a cercare collaborazioni esterne al nostro consueto ambito di ricerca: la multidisciplinarietà quando si sviluppano progetti di questo tipo è assolutamente necessaria ed essenziale al conseguimento stesso degli obiettivi. Collaborare con professionisti di altri settori - grafici, informatici, illustratori, sound designers, giusto per citarne qualcuno - significa dare respiro ulteriore al nostro lavoro, magari anche comprenderlo meglio, portarlo in un mondo che sia in grado di parlare a moltissime persone adattandolo al *medium* scelto. Negli ultimi anni, inoltre, su progetti in ambito culturale che hanno a che fare con il mondo digitale e virtuale, stiamo assistendo sempre più spesso, anche in Italia, all'instaurarsi di proficue collaborazioni tra enti pubblici (università, musei, centri di ricerca) che mettono in campo le loro conoscenze storiche e del contesto e realtà private che offrono le loro competenze tecniche, proprio come è successo nel caso del progetto CAPI.

Tornando agli aspetti tecnici emersi durante il seminario, una problematica "etica" che emerge ha a che fare con la trasformazione delle evidenze materiali in modelli digitali e riguarda, nel caso specifico dell'archeologia, la ricostruzione di evidenze non individuate dallo scavo: in casi di questo genere si tratta di ipotesi oppure di una fantasia? In archeologia virtuale, come giustamente sottolineato da Palombini, è possibile indicare i livelli di attendibilità di ciò che ricostruiamo; un approccio teorico e metodologico di questo tipo è quello, ad esempio, estrinsecato dall'Extended matrix (http://osiris.itabc.cnr.it/extendedmatrix/), in cui i due piani di certezza e incertezza sono rappresentati dalle unità stratigrafiche virtuali strutturali e dalle unità stratigrafiche virtuali non strutturali. Se sulle strutture murarie è possibile applicare un sistema di interpretazioni come questo, esistono tuttavia tutta una serie di circostanze, che fanno parte del mondo antico e della vita quotidiana tanto quanto di una *domus*, su cui gli archeologici non hanno nessun tipo di dato certo e mai lo potranno avere. In questo scenario entra in scena la creatività umana che deve essere padroneggiata dal ricercatore tanto quando la bibliografia e l'onestà intellettuale. In questo caso di deve dunque parlare di "invenzioni"? Partendo dal presupposto che l'archeologia non è una scienza esatta, ma si basa su ipotesi, su paradigmi indiziari, su modelli storiografici, il nostro contributo in questi casi, come archeologi, è quello di fornire scenari verosimili, plausibili e coerenti con le tracce che sono state rinvenute, con contesti coevi simili, con gli studi di riferimento. Non sapremo mai se quello che abbiamo aggiunto o tolto c'è davvero stato o meno, ma si tratterà comunque di interventi volti a fornire ai vari pubblici coi quali ci interfacciamo, un contributo ulteriore per comprendere meglio, per interagire di più, per stimolare più empatia con il passato.

Il nostro terreno di battaglia è la Storia, declinata a tutti i livelli, dalla ricerca sul campo fino alla sua divulgazione. Il *public engagement* non deve quindi essere inteso come orpello da appendere alla giacca del ricercatore/ricercatrice, ma come uno degli step necessari del processo di lavoro. È nostro compito comunicare ciò che sappiamo e contribuire anche in questo modo al progresso e al benessere emotivo e culturale della Società e delle comunità di cui spendiamo risorse economiche.

In quest'ottica, dal nostro punto di vista, è molto più importante raccontare storie educative, permettendo ai fruitori di accrescere la loro conoscenza sull'argomento, una volta disconnesso il *device*.

La sfida, spesso difficile per chi è abituato a raccontare le proprie esperienze lavorative in termini accademici, è quella di coniugare assieme, sul piano del linguaggio, la complessità storica e la necessaria semplicità di narrazione rivolta a un pubblico di non specialisti. Virtual tour e video games non sono articoli scientifici, ma seguono piuttosto la linea concettuale del romanzo storico.

Affrontare progetti così complessi unito alla necessità di una approccio multidisciplinare agli stessi è stato un argomento dibattuto nelle due giornate del 19 e 20 aprile 2021. Questo aspetto è emerso con forza soprattutto nel lavoro di Juan Hiriart che ha evidenziato la necessità di affrontare sfide di questo tipo con team di ricerca che potessero contare sia su archeologi sia su esperti di grafica.

Il millantato rischio del discostamento dal reale che il virtuale promuoverebbe è un argomento affrontato con Barbara Birley e Claire Stocks e che è stato tenuto in considerazione anche per le soluzioni in elaborazione per il Parco e Archeodromo di Poggibonsi: è pregiudizio comune infatti che il rilascio di applicazioni digitali di valorizzazione e divulgazione di un determinato contesto archeologico possa contribuire alla diminuzione di una presenza fisica nei luoghi (in contesti che già non possono contare su numerosissimi accessi). Secondo i detrattori del digitale, si rischierebbe quindi di investire denaro per rispondere a un problema finendo addirittura per acutizzare il problema stesso.

È opinione di chi scrive che questo aspetto, di fondo, non sussista. O meglio: sebbene possa esistere un rischio di sostituzione virtuale di una visita reale, non è assolutamente generalizzabile e non costituisce una problematica. La visita virtuale (che sia un tour oppure un videogioco, poco cambia) non deve essere approcciato da parte di chi lo sviluppa come una sostituzione della visita reale. In questo senso le soluzioni digitali devono essere propedeutiche, preparatorie, facilitatorie, di accompagnamento e/o di approfondimento alla visita. Una risposta interessante è quella del gioco all'interno del parco archeologico, grazie all'uso di giroscopi e GPS, ma anche dei più semplici QR code.

Per certi aspetti inoltre, la sostituzione fisica della visita non deve essere vista come un pericolo in senso assoluto, anzi, in alcuni casi il digitale può rivelarsi una risorsa fondamentale che permette di esplorare luoghi inaccessibili (magari perché temporaneamente chiusi o perché effettivamente impraticabili), strutture di cui non restano che poche tracce come raccontano Sabrina Mutino, Lucia Colangelo e Michele Scioscia o punti di vista fisicamente impossibili da sperimentare (come può essere il dettaglio della facciata di un palazzo), come ci ricordano Francesco Gabellone e Maria Chiffi.

Facciamo poi riferimento a tutte quelle circostanze in cui l'accesso ad aree archeologiche oppure a musei o monumenti non è garantito per la presenza di barriere architettoniche.

La Legislazione italiana si è occupata espressamente e parla con decisione, a più riprese, dell'importanza della fruizione dei Beni Culturali da parte della totalità della popolazione, senza distinzioni sociali, culturali, religiose, fisiche. L'articolo 3 del Codice dei Beni Culturali e del Paesaggio, nel descrivere la Tutela, afferma che il fine ultimo di un qualsiasi Bene è la pubblica fruizione, intendendo quindi un legame inscindibile tra i due concetti chiave.

Al contempo però la Legge sancisce un vero e proprio ordine di priorità sugli aspetti da prendere in considerazione quando si tratta di BBCC. Assicurata la Tutela del Bene e garantita la Sicurezza a persone e cose, la *mission* è quella di rendere pubblicamente fruibile il Patrimonio (D.M. 10 maggio 2001).

In un'apparente inscindibilità ma con una evidente priorità della tutela, il concetto di accessibilità e quello di abbattimento delle barriere architettoniche perdono di valore. La visita virtuale in questo senso potrebbe rappresentare un tentativo di sostituzione della visita nei luoghi difficilmente accessibili da persone con disabilità fisiche.

I contributi che seguiranno hanno l'intenzione di chiarire lo stato dell'arte attuale nel panorama italiano ed europeo sui temi dell'archeologia digitale finalizzata alla divulgazione e alla valorizzazione del Patrimonio. Un universo, per definizione in continua evoluzione, grazie ai progressi della tecnologia, difficilmente determinabile nell'atto e a maggior ragione in potenza. La teoria e i metodi non cambiano, o meglio, cambiano ad un ritmo estremamente più blando. In questa direzione è quindi possibile valutare gli articoli che seguiranno, che servono anche come terreno di confronto per il progetto CAPI e per la prosecuzione del progetto "madre" Archeodromo, che ha come fine la valorizzazione del contesto archeologico di Poggibonsi e più in generale del progresso culturale, etico e personale della comunità poggibonsese.

(Re)living Vindolanda: Designing Educational Computer Games for Outdoor Environments

Barbara Birley*[a], Richard Davison**, Claire Stocks**[a]

* The Vindolanda Trust
** Newcastle University
[a] Presenting author

Abstract: This paper explores the challenges involved in designing an effective user interaction (UI) for use in educational game apps within the heritage sector. Using the case study of a game designed to be played at the site of Roman Vindolanda, we focus specifically on the difficulties involved in designing such apps where the target audience is predominantly children (in this case Key Stage 2 students) and where the app is intended for use in both an outdoor (on the archaeological site) and indoor (the museum) environment. Initial findings from testing in both environments suggest that more extreme environmental conditions, such as excessive sunlight, can adversely affect children's ability to achieve the intended learning outcomes of the game. Simple adjustments to the UI to take account of environmental changes proved to be effective.

Keywords: Vindolanda, games, Roman, education, apps

Introduction

The benefits of using computer games for 'serious gaming', that is gaming used for the purpose of improving health or for education, are well-established (Mahony, Tiedau and Sirmons 2012; Malaka 2014), and its parameters well-defined (e.g. Maugard 2019). With respect to educational benefits in particular, computer games have become increasingly prominent in museums and on cultural heritage sites as a means of improving and enriching the visitor's experience through interactive game-play (Ioannides, Magnenat-Thalmann, Papagiannakis 2017; Veermeren *et al.* 2018).

When it comes to designing such games, utilising a range of game mechanics can be beneficial in achieving a variety of learning goals, including improvements in numeracy, reasoning, and puzzle-solving (Blumberg and Ismailer 2009). What we are seeing, therefore, is an increase in the number of museums and cultural heritage sites that are incorporating computer games within their educational programmes. Often – in the case of UK-based institutions – this digital medium will offer a virtual learning environment that allows users to engage with museum collections and sites whilst also achieving the learning goals set out in the National Curriculum.[1]

Moreover, as a result of an EU-funded project titled Gaming Horizons, which explored the role of video games in society and culture, there is now a manifesto for European games and their uses (Haggis-Burridge *et al.* 2018). With the benefits of this technology come challenges, including adapting games to different environments (both indoor and outdoor) as well as ensuring that UIs are age-appropriate in terms of usability.

In this paper we offer a case study as a suggestion for how we might approach game design for apps aimed at UK Key Stage 2 students (7-11 years) that are intended for use in a predominantly outdoor environment, and thus can be used effectively on many smaller and more rural heritage sites. The game is for smart phones and tablets for use at the site of Roman Vindolanda, Hadrian's Wall.

Initial tests with 24 Key Stage 2 school children using the opening segment of the game both on and off site have raised a number of challenges with respect to the design and implementation of an effective UI suitable for use by this age group that is easy to navigate and adaptable to a range of external conditions.

Virtual Gaming and Heritage Sites

From 2016-2020, Newcastle University Game Lab and the School of History, Classics, and Archaeology, in collaboration with the Roman site of Vindolanda (The Vindolanda Trust) at Hadrian's Wall, designed a mystery game, playable on smart phones and tablets, that is aimed at Key Stage 2 students (7-11 year olds) with the prime goal of enriching their learning experience of the Romans in Britain in line with the National Curriculum.

To achieve this goal, we needed to offer a user interface that would prove adaptable to a variety of environmental conditions (predominantly those applicable to outdoor, rural environments such as Northumberland) whilst ensuring that the game did not compromise on playability and hence

---

1 https://assets.publishing.service.gov.uk/government/uploads/system/uploads/attachment_data/file/239035/PRIMARY_national_curriculum_-_History.pdf (sourced 25/08/2021),

https://assets.publishing.service.gov.uk/government/uploads/system/uploads/attachment_data/file/239033/PRIMARY_national_curriculum_-_Computing.pdf (sourced 25/08/2021) enjoyment, a key success indicator when determining the viability of games to achieve educational learning goals (Malaka 2014), that is 'edutainment' (Maugard 2019). The game serves as a case study, therefore, for how to approach the development of an effective user experience for educational games, particularly with reference to navigation tools and ease of playability for the target age group of 7-11 year olds.

Designs for games and their UIs can vary hugely, from making use of virtual and augmented realities (VR and AR), to 3D or 2D animation. All of them have advantages and disadvantages for use in the heritage sector. VR applications such as games and interactive virtual environments offer a fully immersive experience and have become increasing prominent in museums and on heritage sites as a means of bringing the past to life for the visitor (Ch'ng *et al.* 2020). Such experiences, however, while allowing for immersive visuals such as digital reconstructions of a heritage site, often require the user to remain static, or to remove the headset when they move from one location to another. Moreover, whilst immersive, VR headsets are often cumbersome due to weight, cables, and additional difficulties in use for those who wear glasses. In addition, they are expensive and do not (yet) offer a viable gaming experience for use on public sites, especially outdoor archaeological sites that include trip hazards and other environmental conditions.

AR games, which come in a wide variety of systems (Wu *et al.* 2013) in contrast, enhance the user's own environment by using assets from a digital world to a lesser or greater degree. They do not require a headset and can feature on devices as small as a mobile phone, utilising the phone's existing hardware, making them both portable and accessible (Hancock 2019). It is not surprising, therefore, that AR games have great potential when it comes to offering educational opportunities outside of the classroom, and the use of AR systems in general – some of which make use of game mechanics – are becoming increasingly popular in museums and on heritage sites (Hall *et al.* 2001; Bannon *et al.* 2005; Harley *et al.* 2016; Luna *et al.* 2019).

When it comes to visuals, 3D remains the most popular choice, not least because it brings with it the familiarity of console gaming for users. High-budget 'AAA' video games produced by mid-sized to major publishers tend to be produced in HD with 3D graphics. Games that use 3D graphics effectively, however, tend to be produced at great cost, with constantly evolving technology to push the realism of the visuals. This makes them economically unviable for use at smaller heritage sites – the cost precludes designs that match the user experience offered by AAA games, or even the more popular games playable on smart phones, and the designs date quickly. There are heritage games for smart phones, however, that do make effective use of 3D animation. A successful example, is Mi Rasna (I am Etruscan), designed by Entertainment Game Apps using resources from all of the Etruscan Museum collections in Italy.[2] This is a strategy game that makes deliberate use of simple but effective graphics to populate an ancient map of Italy with Etruscan cities, which the user can then develop over time. The game design works because its mechanics do not aim to create a fully immersive narrative, but rather the user is at a distance, 'playing god' from above. 2D graphics, whilst less immersive, have been used effectively in a number of games for hand-held devices, with popular adventure games *Machinarium* by Amanita Design[3] and Capcom's Phoenix Wright: Ace Attorney[4] showing that modern games do not need to rely on realistic 3D graphics to provide engaging gameplay. It is also more cost-effective, since 2D assets can be designed and repurposed more easily.

---

2 http://egameapps.com/mirasna-en/ (sourced 25/08/2021)
3 https://amanita-design.net/games/machinarium.html (sourced 25/08/2021)
4 https://www.nintendo.com/games/detail/phoenix-wright-ace-attorney-trilogy-switch/

For the game at Roman Vindolanda, the designers chose to use 2D graphical elements, in part because of its cost-effectiveness and use in an outdoor environment, but also because this material could easily be reused in supplementary educational materials, such as the Activity Packs for schools which accompany the game. The designers chose a comic-book style (akin to a graphic novel) which proved popular with initial test groups (both children and accompanying adults) and lent itself to the game which relies on a narrative-driven mechanic (the case of a missing person). The aim was to create an immersive experience by incorporating the museum collection and site of Vindolanda within an interactive digital environment. As Veermeren et al. (2018: 3) notes in reference to the use of such media in museums, 'the degree of sophistication and immersion [increase] exponentially when experiences [start] to be enhanced by the integration of interactive and digital media'.

Gaming in an outdoor environment

Mobile gaming accounted for more than 50% of the world gaming market, with more than $70Bn in revenue generated in 2018 (Wijman 2018), with this increase in popularity reflected in an increase in the number of location-based games developed for the heritage sector. Yet there are challenges to creating an enjoyable and immersive gaming experience for users on location, not least because it can be difficult to ensure accuracy using GPS as the main navigating tool on smaller, rural sites (Law 2018). AR and mixed-reality games are a popular choice, not least because they utilise the smartphone's existing hardware, but to date there remains an incompatibility between 2D live video feed and 3D graphics that can lead to an unsatisfactory or limiting visual experience for the user (Liestøl and Elpida 2020). Moreover, despite growing interest in the use of computer games in the heritage sector, this is a field that remains largely under-explored despite its clear potential for increasing the profile and hence sustainability of smaller and less well-known archaeological sites, as evidenced by a recent project at the site of Thetford Priory which connects the museum experience with the nearby archaeological site (Law 2018).

The collaboration between the Vindolanda Trust and Newcastle University, therefore, is among only a small group of such collaborations between universities and heritage organisations in the UK at this time. In addition, this collaboration aims to shift perspective on the current approach to the application of serious gaming in the heritage sector: rather than simply introducing computer games and apps to the heritage sector, we have applied the heritage sector to computer gaming. Thus, our group of university researchers consists not only of experts on Ancient Rome and Roman Britain, but also members of Newcastle University GameLab, whose members have an established background in the development of AAA games. The game that we have designed, therefore, uses 2D, hand-drawn animation, one of the 'formal features' that are 'typically used to mark content that is child-relevant and ultimately appealing' (Blumberg and Ismailer 2009: 133), and is developed using the commercial game engine Unity. It is designed to be a location-based game, but does not rely on GPS for navigation. Instead, the game runs parallel to the real world around it, encouraging the user to make the connection between the physical environment of the archaeological remains, with the virtual reconstruction of the site presented within the game. Since the user is simultaneously looking at the real and the reconstructed site, it was necessary to develop a user interface that is easy to interact with outdoors, and in a variety of environmental conditions; for example, interactable elements on screen were clearly labelled, and made sufficiently large so as to be easy to tap, and kept graphically high-contrast to accommodate changing light conditions.[5]

---

5 On the challenges of working with mixed reality outdoors see also Schnädelbach *et al.* (2002)

Additionally, the 2D nature of the design proved the most cost-effective and appropriate for a rural location that makes connectivity to high-speed data downloads very difficult or in some places of the site and museum impossible.

The Test Site: Roman Vindolanda

The site of Roman Vindolanda is located just over 30 miles west of Newcastle, and forms part of the UNESCO Frontiers of the Roman Empire Transnational World Heritage Site of which Hadrian's Wall is part. The entire site, along with the Roman Army Museum (formally the Roman Fort of Magna at Carvoran) is managed by the Vindolanda Trust. The site consists of an open air archaeological park and museum, which houses finds from the annual excavations on site, including examples of the famous Vindolanda wooden writing tablets (now under the curatorship of the British Museum). As a heritage site, Vindolanda is exceptional in its ability to provide an immense archaeological resource for its visitors. The link between the site and the active archaeology, along with the large onsite museum, which displays so many unique and unprecedented objects, is unparalleled elsewhere in the Roman world. As a locus for the gamer, therefore, it offers the opportunity to immerse young people into its history by linking the sites and artefacts through active story telling (with scope for expanding the game to other sites along Hadrian's Wall and the Roman Frontier, thus offering potential to improve the educational offering of sites across this area).

The game aims to bridge the gap between the setting of the narrative (c. 230AD) and the remains of the site that are still visible to the visitor to Vindolanda today. Part of the challenge in building this bridge, however, is in recognising that heritage sites have undergone numerous periods of change that are reflected in what the visitor will see on site. Vindolanda itself predates the Wall and first saw occupation under the emperor Domitian (81-96AD) in the 90s AD, beginning with a wooden fort. Over the centuries there were multiple building phases, culminating in the construction of a stone fort and accompanying civilian settlement (*vicus*) in c. 220AD, with the overall site covering an area of approximately 40 acres (Birley 2009, Birley 2002). To help the gamer negotiate this temporal complexity, the game focuses on one specific period in the first half of the 3rd century AD, when the stone fort had been constructed, that connects to a specific event in the present: the discovery in 2010 of the child's skeleton, datable to this same period. This gives the narrative clear parameters suitable for the Key Stage 2 age group. To add another level to the game, however, we have deliberately populated the game world with objects that have been discovered on site and that are datable to other periods. Whilst such objects would have been in use during the period in which the game is set, their inclusion allows teachers and parents to discuss issues of dating with children playing the game when they visit the museum and see these objects for themselves.

Another factor that received consideration when designing the game is Vindolanda's location. Geographically, the area is relatively remote. The A69, which crosses the country from Newcastle to Carlisle, runs parallel, about 2 miles south, to Hadrian's Wall, yet Vindolanda and other sites along the Wall in this vicinity are only accessible via public transport during the spring and summer. The site is open from February to November each year, and although it is relatively sheltered compared to other forts that were constructed alongside the Wall, in winter months it sees regular snowfall, high winds, and rain. In addition, whilst the site is accessible to wheelchair users throughout, the archaeological ruins are not fenced off and there are numerous trip hazards. The site, therefore, presents two main challenges to our target users playing the game in an outdoor environment: elemental conditions (i.e.

weather) and navigation, since the ruins of the site, whilst extremely well preserved, are unrecognisable without some knowledge of the layout of Roman military forts and towns.

The Game: 'The Missing Dead'

The game is an immersive mystery aimed at children and families, based upon the real-life discovery of an unknown child's skeleton within the barracks during excavations at Vindolanda in 2010. Set in AD230, users play a military tribune hired by Vindolanda's bathhouse owner, Vitalis (Fig. 7), to solve the case of his missing slave. Within the game, users visit nine buildings, whose remains are still visible on the archaeological site: (1) the west gate of the fort, (2) the 3rd century stone bath house, (3) the tavern, (4) the temple to Jupiter Dolichenus, (5) the army barracks, (6) the *principia* (headquarters), (7) the granary, (8) the toilet block, and (9) the *praetorium* (commanding officer's residence). These sites have been chosen for their high level of preservation and because they offer a holistic overview of life at the fort for both army and civilians. They are also situated within a comparatively small area, thus making it easier for children to navigate their way around the site in a short period of time (c. 20-30 minutes). Finally, all of these buildings are to some extent accessible to those who are physically impaired.

The game was designed with clear links to the English National Curriculum for history at Key Stage 2 as well as for 'edutainment', the Vindolanda Trust had a number of key goals for it:

- To visualise daily life at Vindolanda with real people named in the world-famous Vindolanda writing tablets;

- To highlight objects so the children begin to understand the cultural and socioeconomic similarities and differences between themselves and the Romans;

- To connect the site ruins to the museum where real objects can be seen, such as the Persian altar to Jupiter Dolichenus and the wooden bath clogs, embedding children's learning.

Social diversity at Vindolanda is reflected in the game's characters, from the Fourth Cohort of Gauls (from modern France) who were based at the fort during this period, to the group of Hamian archers from Syria who were stationed at the nearby fort of Magna. The characters thus offer a real reflection of the cosmopolitan atmosphere of Vindolanda during this period and allow children to explore aspects of immigration and to learn more about the culturally diverse population.

The choice of children aged 7-11 for the target audience was motivated by the fact that the English National Curriculum for History at Key Stage 2 includes the study of Roman Britain.

User Interface: Development and Considerations

The Vindolanda game places story-telling at the heart of its design. This is an approach that has met with success elsewhere in the heritage sector, for example with the app produced at Athens University History Museum (Katifori *et al.* 2020). In addition to the story of the missing person, the game relies upon the simple mechanics of choice (branches within the storyline allow players to visit different buildings and take a different route through the site) and collection (objects and clues within the game). Users follow the main character, Marcus, a Tribune at the fort of Magna and the 'detective' in this game, as he pursues the fictional case of this missing person, a child slave of the bath house owner. This is a fictional narrative suggested as a plausible story for the excavated skeleton. Such material poses challenges, and in order to desensitise this potentially emotive subject matter, users are told about the discovery of the skeleton at the start of the game and have the opportunity to see the excavated remains in the museum at the end. Our fictional child slave never appears as a character within the game and users are encouraged, despite the immersive nature of the story, to maintain the connection with the contemporary world throughout the game's duration by visiting the ancient ruins as the game progresses and then finding the artefacts mentioned within the game's story in the museum at the end.

The design of the gameplay elements and user interface are integral to its success as a game that will entertain as well as educate. Goins (2018: 268) writes that 'Games create stories through the interactions of three components: (1) the organization of high level scene structures and interactions, (2) environments (spaces) filled with symbolic objects and metaphors and, (3) interactions with the game world that occur over time.' We have paid attention to all three of these elements in our game design. In particular, we needed to create a series of scene structures and interactions that would operate effectively in an outdoor environment, with consideration paid to the likely size of the screen (a smart phone) and age of the participants (7-11years).

Players interact with the game using a simple on-screen interface, with clearly marked buttons to tap on to advance the story and show new game elements. These elements include dedicated screens that show the user's inventory, and a history of the people and places interacted with; in both cases these screens serve as both a reminder to the player of what they have discovered so far, and as a way of conveying to the player additional facts and images relating to the historical evidence upon which the game is built, without the narrative of the game's story being compromised (Figs. 1-2). The main story is progressed through by engaging characters in conversation by tapping on them to reveal dialogue options presented via on-screen text (Fig. 3); these options present some degree of replay value to the story by leading the player through different story paths that might lead them to different parts of the Vindolanda ruins. This replayable aspect is further enhanced by hiding bonus inventory items within each game scene that can be searched for and collected via tapping on the screen. Players also have access to a map within the game (Fig. 4), that shows a top-down view of the site, with important locations marked on it to both aid navigation through the site, and also provide some context to the in-game visuals, and their connection to the current ruins.

In addition, we included a cartoon eagle (Fig. 5), the emblem of the Roman army, to act as a guide to users, telling them (e.g.) to 'tap' on characters or objects to learn more about the game or the clues that they had collected. By using a single dedicated character for all descriptions pertaining to interactions with the game, the dialogue of the characters within the game world can be kept 'authentic', with no mention of modern technology or concepts.

Testing and Preliminary Results

Our test audience consisted of 24 Key Stage 2 students aged 7-8 years from Newbrough primary school. Testing took place over two sessions, in the outdoor environment of the archaeological site (October 2019) and thereafter in the classroom environment (February 2020). The students were shown the opening scenes of the game, which introduced them to its key mechanics, navigational tools and UI layout.

The First Test: On location at Vindolanda with Newbrough School, Hexham

The reading levels of our test students proved to be varied, and as a result, subsequent iterations of the game included explanations of certain words (e.g. *praetorium*) and short, simple sentences to make the game more user-friendly for this age group. This particular test group already had a basic knowledge of the presence of the ancient Romans in the local area through their history classes in school. Their knowledge, however, was limited to basic elements in relation to the Roman army and thus the game prompted opportunities for further educational development in relation to the diverse communities that lived at Vindolanda as well as archaeological practices.

The introductory scenes of the game introduce the students to two areas within the archaeological site: the west gate (Fig. 6) and the stone bathhouse (Fig. 8). The artwork of the game provides reconstructions of the various buildings, and these are located on a map of the site as it exists today so that students can locate the relevant remains and then connect them to the image.

For the purpose of the on-site test, we divided the students into four groups of six students and staggered their start times to allow for the linear nature of the opening scenes. Whilst the students clearly enjoyed the game, we were able to identify some problems with the UI and navigation tools from the outset:

- Some of the interactive elements proved difficult to locate on the screen due to light reflection caused by the outdoor (sunny) environment. For example, we tested two 'click' methods, a hand and a glowing light. The hand proved considerably more effective as it was easier to spot on the screen outdoors;

- Visibility of some of the graphics was similarly impaired by the outdoor light conditions;

- Some students, in trying to progress with the game, accidentally clicked the 'exit' button and were returned to the start;

- Students had difficulty using the map to navigate their way around the site, even with a sign indicating which way was North and with indicators showing the location of the next stop in relation to their current position.

These problems were also exacerbated by the fact that we had six students using one device and there was frustration among those who would have liked to have proceeded at a faster pace than their peers.

Feedback that we received from students following the onsite testing reflected the successes and problems of the game that we had identified on site.

Question	Yes	No
Do you like the game?	24	0
Do you like the pictures?	24	0
Do you like the music?	19	5
What do you like about the game?	"dramatic music" "I like the whole aspect of it, like the mystery, going through and finding things" "I like how we have to go to all the locations"	

	"I like the music" (19 students said this) "I like the pictures" [follow-up que. *What do you like about the pictures?*] "It looks like the Roman times, not like now" "I like how it made you look for things" "I like how it went back to 2010" [In relation to the fact that the game begins with the discovery of a child's skeleton on site in 2010 and then returns to this scene at the end]
What can we improve?	• "When you can't move and you are thinking how am I going to do this, there is a tiny icon in the corner which takes you back to the very start and when you press that you think that something is going to happen but then you are back at the start." [Que. *'and that's very frustrating?'*] "yes!" [Que. *How many times did that happen?*] "two" (1x student), "three times" (1x student) • "I think you could make the mystery a bit longer" [the introductory section is c. 5 mins of play time; response *'We are going to make it about 4x longer, does that sound OK?'* Collective response "yes"] • "well, we were waiting for ages because that little dot where it shows you where to tap, it doesn't give you any things where to tap. You don't know what to tap." [*'was the hand - an icon in the game - easier to tap on?'* – general response, 'yeah'] • "more things to collect" • "I think you could change the music" upon further questioning it becomes clear that they wanted different music for different sections.

We had included the cartoon eagle to serve purely as a navigational tool, but its presence had some additional – unforeseen – benefits. Several of the students during the feedback session commented unprompted on the fact that they spotted a drawing of an eagle at the entrance to the Vindolanda site after they had seen the eagle feature as a character in the game. When asked whether they liked the eagle, 24 out of 24 students said 'yes' and one child asked 'is that like a real eagle? Well I know it's not a real eagle but did the Romans actually make the eagle?' This provided an educational opportunity for the curator of the Vindolanda museum, to tell the students about how the Romans made the eagle standards for their army in bronze.

As a result of this first test, a number of alterations were made to the design of the game and its user interface. To aid the players in finding interactive screen elements, the game was changed to provide hints to the player over time as to the location of interactable elements using a subtle glowing effect around them that grows stronger over time. This was designed to allow a quick student to have a sense of accomplishment at having potentially found a 'secret' within the game, while still allowing a group of potentially time-constrained visitors to eventually be given enough of a clue to progress, with the pulsing 'glow' effect additionally being easier to spot in a variety of weather conditions. The map section was adjusted to a simpler interface that included icons for only the player's current assumed location, and the next location suggested to them through interaction with in-game characters marked on it; this was designed to be clearer to read, and less ambiguous as to the next steps to take within the game itself.

The Second Test: Indoor environment

The second test took place with the same group of students, this time in an indoor environment. Working with the same group of students provided continuity with our testing audiences and allowed us to replicate the gaming process, since the game, while designed to be played on site, can also be played at home (as was demonstrated during the global pandemic when the game was launched in October (Android) and December (IOS) in 2020 when Vindolanda remained closed to all but a few visitors).

In addition to the indoor environment, we introduced a further variable by dividing the students into six groups of four students, which improved the playability of the game for them. Existing familiarity with the game did not diminish their enjoyment, rather they paid closer attention to design elements within the game, such as the graphics.

The design alterations made to the UI had an immediate impact. Students were able to play the game more effectively, without the risk of accidentally signing out of the game.

Question	
What is better about the game this time?	• Having the option to quit the game • Clues are good and easier to use • The game did not take as long to load
What would you change about the game?	• Map – it is difficult to know what to click on to find your way • Symbols to click on need to be bigger, clearer, and easier to 'tap'
What would you include in the game?	• A scary story • 'I want somebody's head to get chopped off' • Dancing • More fighting
Outdoor vs. Indoor environment for playing the game	• Love the fact they can play it outdoors – makes it more authentic • More funny things to keep you going if it rains! • Everything needs to be clearer when you are playing outdoors • Advice on making the screen lighter or darker depending on the playing environment

After the second test, a number of students wished to go back to the site to play the game outdoors once more. The opportunity for reinforcing learning in the indoor environment upon playing the game for a second time became clear from the comments made by the students. This time they focused more on details included in the game that went beyond their learning experience (i.e. in reference to the Roman army). A scene in the game where users visit the local latrine prompted questions about hygiene in the Roman world and delighted surprise when they realised that the Romans had wooden toilet seats! (wooden toilet seats feature in the game, as does the real wooden toilet seat excavated on site).

The testing sessions took place just before the global pandemic that resulted in the closure of Vindolanda, and other heritage sites, to visitors in March 2020. Despite this, we launched the Android version of the game in October 2020 and the IOS version in December 2020. Continued closures of the site, and limits placed on the number of visitors resulted in a huge drop in school visits (e.g. in the period Sept. 2020 – Dec. 2020 when the site was open in a limited capacity, there were 160 school children visiting, as opposed to 2,900 in the same period in 2019), and this in turn has impacted upon the use of the app to date and our ability to continue testing. Despite this, initial feedback on the game has been extremely positive with one child commenting that 'it makes this place interesting'. At the time of writing (August 2021) the intention, Covid permitting, is to gather more extensive feedback on the game and its UI once school visits resume in September 2021.

Conclusion

The initial results from the testing of this game indicated that there are a number of important considerations when designing an effective UI intended for use by school children in an outdoor environment. To ensure maximum visibility, graphics need to be bright and simple in design, with the interactive buttons clearly marked. In addition, some children had difficulty in reading the text on screen and thus it would be worth adding the option of 'spoken text' in further editions. Our tests indicated that children had difficulty using the map to navigate around the site, in part due to the trouble that this young age group had in using a compass, but also due to the size of the map in the game (adult test audiences also commented on this issue). Whilst we have subsequently made changes to the layout of the map for clarity, this remains one area where further improvements can be made (as indicated by a subsequent test with seven school children aged from 7-14 – two of whom had no trouble using the map, whilst five experienced some difficulties). The inclusion of GPS for navigational purposes would not necessarily solve this issue, given the problems that can occur with respect to offering precise information on locations, but all visitors to the site, including teachers accompanying school children who will use the game, will have access to copies of the map showing the location of the sites as an additional resource.

Areas where there were clear signs of improvement across the period of testing were in the usability of the interface and the quality of the graphics, which made for an enjoyable gaming experience, particularly for the younger children in our target audience, as illustrated by the comments of the last test group of 7-14 year olds ('fantastic', 7yr old; 'I enjoyed it, I would rate it 8/10, 11yr old). Furthermore, the initial tests illustrated that children retained educational information from the game and were encouraged by their participation to ask further questions about the Romans and so to entrench their learning experience.

Whilst challenges remain, therefore, including those posed by the Coronavirus pandemic, the initial findings from this case study demonstrate the educational benefits of games that engage students with the outdoor environment of an archaeological site as well as the traditional museum experience.

Bibliography

Bannon, L., S. Benford, J. Bowers and C. Heath 2005. Hybrid design creates innovative museum experiences. *Communications of the ACM* 48(3): 62-65. (https://cacm.acm.org/magazines/2005/3/6288-hybrid-design-creates-innovative-museumexperiences/fulltext; sourced 25/08/2021)

Birley, A.R. 2002. *Garrison Life at Vindolanda: A Band of Brothers*. Stroud: Tempus Publishing.

Birley, R. 2009. *Vindolanda: A Roman Frontier Fort on Hadrian's Wall*. Stroud: Amberly Publishing.

Blumberg, C. and S.S. Ismailer 2009. What do Children learn from playing Digital Games? in Ritterfeld U., Cody M. and Vorderer P. (eds), *Serious Games: Mechanism and Effects*: 131-142. New York and London: Routledge.

Ch'ng, E., Y.L. Ch'ng, C. Shengdan and L. Fui-Theng 2020. The Effects of VR Environments on the Acceptance, Experience, and Expectations of Cultural Heritage Learning. *Journal on Computing and Cultural Heritage*, 13(1): 1-21.

Goins, E. 2018. Structuring Digital Story Games in R. Rouse, H. Koenitz and M. Haahr (eds) Interactive Storytelling. *Proceedings of the 11th International Conference on Interactive Digital Storytelling, ICIDS 2018, Dublin, Ireland, December 5-8 2018*: 265-269. Cham: Springer.

Hall, T., L. Ciolfi, L. Bannon, M. Fraser, S. Benford, J.Bowers, C. Greenhalgh, S.O. Hellström, S. Shahram, H. Schnädelbach and M. Flintham 2001. The Visitor as Virtual Archaeologist: explorations in mixed reality technology to enhance educational and social interaction in the museum, in D. Arnold, A. Chalmers and D. Fellner (eds) *VAST '01: Proceedings of the 2001conference on Virtual reality, archaeology, and cultural heritage*: 91-96. New York: Association for Computing Machinery. (https://dl.acm.org/doi/10.1145/584993.585008; sourced 25/08/2021).

Hancock, P. 2019. Augmented Reality and Mixed Reality Technologies in B. Akhgar (ed.), *Serious Games for Enhancing Law Enforcement Agencies: From Virtual Reality to Augmented Reality*: 65-82. Cham: Springer.

Haggis-Burridge, M., D. Persico, C. Bailey, T.P. Buijtenweg, F.M. Dagnino, J. Earp, F. Manganello, M. Passarelli, C. Perrotta, F. Pozzi and J. Weber (eds) 2018. *A Manifesto for European Video Game. Gaming Horizons. Roma*: NR Edizioni (https://ec.europa.eu/research/participants/documents/downloadPublic?documentIds=080166e5b8297f5b&appId=PPGMS).

Harley, J.M., E.G. Poitras, A. Jarrell, M.C. Duffy and S.P. Lajoie 2016. Comparing virtual and location-based augmented reality mobile learning: emotions and learning outcomes. *Educational Technology Research and Development*, 64: 359-388.

Ioannides, M., N. Magnenat-Thalmann and G. Papagiannakis 2017. *Mixed Reality and Gamification for Cultural Heritage*. Cham: Springer.

Katifori, A., F. Tsitou, M. Pichou, V. Kourtis, E. Papoulias, Y. Ioannidis and M. Roussou 2020. Exploring the Potential of Visually-Rich Animated Digital Storytelling for Cultural Heritage: The Mobile Experience of the Athens University History Museum, in Liarokapis F., Voulodimos A., Doulamis N., Doulamis A. (eds), *Visual Computing for Cultural Heritage*: 325-345. London: Springer.

Law, E.L.C. 2018. Augmenting the Experience of a Museum Visit with a Geo-Located AR App for an Associated Archaeological Site, in Vermeeren A., Calvi L. and Sabiescu A. (eds), *Museum Experience Design*: 205-224. Cham: Springer.

Liestol, G. and E. Hadjidaki 2020. Quasi–Mixed Reality in Digital Cultural Heritage. Combining 3D reconstructions with Real Structures on Location—The Case of Ancient Phalasarna, in H. Kremers (ed.) *Digital Cultural Heritage*: 423-432. Cham: Springer.

Luna, U., P. Rivero and N. Vincent 2019. Augmented Reality in Heritage Apps: Current Trends in Europe. *Applied Sciences*, 9(2756): 1-15.

Mahony, S., U. Tiedau and I. Sirmons 2012. Open Access and online teaching materials for digital humanities, in C. Warwick, M. Terras and J. Nyhan (eds), *Digital Humanities in Practice*: 167-192. Cambridge: Facet Publishing.

Malaka, R. 2014. How Computer Games Can Improve Your Health and Fitness, in Göbel S. and Wiemeyer J. (eds), *Games for Training, Education, and Sports. Proceedings of the 4th International Conference on Serious Games, Game Day 2014, Darmstadt, Germany, April 1-5 2014*: 1-7. Cham: Springer.

Maugard, N. 2019. Fundamentals of Serious Games, in Akhgar B. (ed.) *Serious Games for Enhancing Law Enforcement Agencies: From Virtual Reality to Augmented Reality*: 15-41. Cham: Springer.

Schädelbach, H., B. Koleva, M. Flintham, M. Fraser, S. Izardi, P. Chandler, M. Foster, S. Benford, C. Greenhalgh and T. Rodden 2002. The augurscope: a mixed reality interface for outdoors', in *CHI '02: Proceedings of the SIGCHI Conference on Human Factors in Computing Systems*: 9-16. (https://dl.acm.org/doi/10.1145/503376.503379; sourced 25/08/2021).

Vermeeren, A., L. Calvi and A. Sabiescu (eds) 2018. *Museum Experience Design: Crowds, Ecosystems and Novel Technologies*. Cham: Springer.

Wijman, T., 2018. Mobile Revenues Account for More Than 50% of the Global Games Market as It Reaches $137.9 Billion in 2018. <https://newzoo.com/insights/articles/global-games-market-reaches-137-9-billion-in-2018-mobilegames-take-half/>.

Wu, H.-K., S. Wen-Yu Lee, H.Y. Chang, and J.C. Liang 2013. Current Status, opportunities and challenges of augmented reality in education. *Computers and Education*, 62: 41-49.

Figure 1: user guides

Figure 2: case files

Figure 3: character dialogue

Figure 4: map

Figure 5: eagle

Figure 6: the West Gate

Figure 7: the character of Vitalis (whose name is recorded in the Vindolanda tablets)

Figure 8: bathhouse

Virtual Neapolis.
Un'esperienza di visita immersiva in VR per le vie di Napoli

Francesco Gabellone*[a], Maria Chiffi**

* VR&Multimedia productions
** Techné s.a.s.
[a] Presenting author

Riassunto: Virtual Neapolis nasce con l'obiettivo di promuovere e valorizzare i monumenti della città attraverso un'esperienza di visita immersiva, secondo i paradigmi dei nuovi linguaggi digitali. Una passeggiata nel cuore di Napoli, alla scoperta di monumenti, strade e musei. Grazie all'utilizzo di tecnologie integrate la città si presenta in forma virtuale, con punti di vista impossibili che svelano particolari inediti, molti di essi non direttamente visibili dai turisti.

Un viaggio reso possibile dall'utilizzo di tecnologie integrate, alla scoperta di facciate storiche e musei da esplorare in totale libertà, senza vincoli fisici, senza barriere cognitive. La base tecnologica a supporto della visita è costituita da soluzioni integrate che includono la fotogrammetria digitale, la modellazione 3D, il restauro virtuale e lo storytelling persuasivo, organizzate per dare al pubblico un prodotto da fruire con VR headset.

I contenuti disponibili sono articolati su diversi livelli di lettura ed organizzati secondo tre percorsi che includono: una visita al MANN (Museo Archeologico Nazionale di Napoli), una visita nella virtual room dedicata ai più importanti musei della città e una passeggiata virtuale tra i decumani del centro storico. I tre percorsi sono stati sviluppati con soluzioni innovative. La fruizione virtuale dei contesti non più integri è accompagnata dalla ricollocazione dei reperti nello spazio virtuale, all'interno di una ricostruzione virtuale della Casa del Fauno e della Casa del Poeta Tragico, attualmente non accessibile ai turisti.

Abstract: Virtual Neapolis was created with the aim of promoting and enhancing the sights of the city of Naples through an immersive experience using the new digital languages. A walk in the heart of the city discovering monuments, streets and museums. Through the use of integrated technologies, users can experience a virtual version of Naples, enjoy impossible points of view that make them discover new details often invisible to a normal tourist.

The application of integrated technologies allow a journey at the discovery of historical facades and museums that can be freely explored, without physical restrictions and cognitive barriers. The technological support is represented by digital photogrammetry, 3D modelling, virtual restoration, and persuasive storytelling all mixed up to provide the public with a product to be accessed through VR headsets.

Contents are structured in different reading levels and organized following three itineraries including: a visit to the MANN (National Archaeological Museum of Naples), a visit to the virtual room dedicated to the most important museums of the city, and a virtual walk through the ancient roads of the city centre. These three itineraries were developed through innovative solutions: the virtual experience of modified contexts is complemented by the re-location of findings and relics in the virtual space, inside the virtual reconstruction of the House of Faun and the House of the Tragic Poet, currently not accessible to the public.

Keywords: Virtual, 3D reconstruction, photogrammetry, Real time VR platform, Unity 3D

Il progetto e le virtual room

Finanziato nell'ambito del progetto Cultura Crea del Mibact, su iniziativa della Fondazione di Comunità del Centro Storico di Napoli, Virtual Neapolis nasce con l'obiettivo di promuovere e valorizzare i monumenti della città attraverso un'esperienza di visita immersiva, secondo i paradigmi dei nuovi linguaggi digitali. Una passeggiata nel cuore di Napoli, alla scoperta di monumenti, strade e musei. Il questo progetto alcuni monumenti della città si presentano in forma virtuale, con punti di vista impossibili che svelano particolari inediti, molti di essi non direttamente visibili dai turisti. Un viaggio reso possibile dall'utilizzo di tecnologie integrate, alla scoperta di contesti da esplorare in totale libertà, senza vincoli fisici, senza barriere cognitive. La base tecnologica a supporto della visita è costituita da soluzioni integrate che includono la fotogrammetria digitale, la modellazione 3D, il restauro virtuale e lo storytelling persuasivo, organizzate per dare al pubblico un prodotto da fruire con VR headset, in tempo reale. I contenuti disponibili sono articolati su diversi livelli di lettura e sono organizzati secondo tre percorsi che includono: una visita al MANN (Museo Archeologico Nazionale di Napoli), una visita dedicata ai più importanti musei della città e una passeggiata virtuale tra i decumani del centro storico. Per i primi due percorsi di visita è stato utilizzato un approccio alla virtualizzazione che trae spunto dal concetto di collezione museale. Gli oggetti virtualizzati sono stati allestiti con criteri museografici che fanno riferimento alla provenienza, alla morfologia, alla tipologia degli oggetti stessi. Essi sono quindi raggruppati in un ambiente estraneo allo spazio museale in cui si trovano gli originali, uno spazio virtuale concepito appositamente, che si propone di attivare una visita diversa da quella ottenibile nella realtà. Questo spazio espositivo non è concepito al fine di ottenere una copia o un surrogato del reale, ma nasce per offrire al visitatore un'esperienza di visita alternativa, in cui gli oggetti sono esplorabili liberamente, da qualsiasi punto di vista, con logiche attivabili solo in un ambiente virtuale. Ci si riferisce ad una virtual room, una sala digitale modellata al fine di organizzare oggetti ed informazioni in modo da poter favorire percorsi esperienziali che sfruttino appieno le potenzialità di movimento e di percezione visiva tipici di un ambiente 3D. I linguaggi di programmazione, le user experiences e le modalità di navigazione in queste sale possono ad un primo sguardo rimandare alla struttura di un game, ma la virtual room non restituisce punteggi e non richiede le particolari abilità di interazione che caratterizzano i games. Al contrario essa dovrebbe facilitare la fruizione, favorire l'attenzione ed il coinvolgimento emotivo del visitatore, tutti fattori determinanti nei processi mnemonici e nella comprensione stessa dei messaggi culturali trasmessi. La virtual room è quindi una sala ideale, realizzata interamente in ambiente digitale, idonea a trasmettere messaggi culturali attraverso le funzionalità tipiche di un ambiente immersivo ed interattivo basato sulla Realtà Virtuale. Come accennato in precedenza, in questo progetto sono presenti due virtual room concepite in questo modo, una dedicata alla Casa del Fauno e una seconda dedicata ai musei di Napoli, entrambe descritte più avanti (Fig. 1).

I tre percorsi sono sati sviluppati con soluzioni innovative basate sul VR. Come noto, le tecnologie VR sono attualmente al centro degli interessi di una vasta comunità scientifica, soprattutto in relazione alle possibilità connesse alla fruizione dei beni culturali e alla veicolazione di contenuti scientifici e didattici. Alcuni studi hanno valutato quanto l'uso della realtà virtuale (VR) sia efficace per il miglioramento dell'attenzione nei programmi di training cognitivo (Cho *et al.* 2004). Da quanto emerge, non solo si è dimostrata la validità della tecnologia VR nei processi di trasferimento della conoscenza, ma sono stati altresì segnalati risultati incoraggianti anche nei disturbi comportamentali e nei problemi legati alle relazioni sociali dei soggetti analizzati. La realtà virtuale immersiva utilizzata nel training cognitivo si è dimostrata efficace per il miglioramento dell'attenzione, essa può migliorare la capacità di concentrazione di bambini e adolescenti con problemi comportamentali e quindi aiutare loro nell'apprendimento. Questi risultati sono interessanti e forse in parte inattesi, perché lo sviluppo del VR prende avvio principalmente con fini legati all'industria del game e della simulazione. Si pensi ai vantaggi offerti da questi sistemi nei settori aerospaziali e nei simulatori di volo, solo per citare un'applicazione ormai indispensabile agli operatori del settore. Con l'avvento dei nuovi motori 3D le performances complessive hanno via via garantito il porting di ambienti sempre più realistici, che consentono una maggiore interazione con gli utenti e soprattutto maggiore realismo nell'esperienza immersiva (Debailleux *et al.* 2018). Partendo da queste premesse, la Fondazione di Comunità del Centro Storico di Napoli ha avviato un progetto, poi finanziato da Ivitalia, basato sulle potenzialità insite nei sistemi VR, in cui dei percorsi culturali possano unire tra loro diverse realtà eterogenee, al fine di presentare in forma innovativa la straordinaria ricchezza del patrimonio culturale della città. La piattaforma dovrà altresì costituire un elemento di marketing territoriale e dare possibilità di occupazione a giovani operatori nel settore del turismo culturale.

I percorsi di visita

Nella virtual room dedicata al MANN, il prestigioso Museo Archeologico Nazionale, sono esposti gli oggetti provenienti dalla Casa del Fauno a Pompei (Fig. 2). Costruita nel II secolo a.C. e poi ampliata in quello successivo, la Casa del Fauno è tra le più belle ma soprattutto ampie dimore di Pompei. La sua superficie copre 2970 metri quadrati, occupando così gran parte della Regio VI della Insula 12. Entrando per il porticato in pietra di tufo si arriva nel vestibolo. Il pavimento è decorato con un raffinato *opus sectile*, con triangoli in marmo e pietra calcarea. Si accede poi all'atrio dove al centro è posto l'*impluvium* che qui è realizzato in travertino e non in tufo, com'era consueto. In prossimità di questo *impluvium* fu ritrovata la statua bronzea del satiro danzante che dà il nome alla casa. Dei numerosi oggetti provenienti dalla Casa del Fauno, oggi conservati al MANN, è stata eseguita una accurata digitalizzazione in 3D, grazie alla quale essi sono, nella piattaforma, esplorabili da qualsiasi punto di vista ed arricchiti da informazioni attivate per prossimità all'oggetto. La fruizione virtuale è accompagnata dalla loro ricollocazione nel contesto di provenienza, con una ricostruzione virtuale della casa nella quale l'utente ritrova il senso della connessione tra reperto e sito (Fig. 3).

Il medesimo approccio è stato usato per la Casa del Poeta Tragico, attualmente non accessibile ai turisti. Per questo caso di studio la virtualizzazione ha interessato principalmente la lettura dei mosaici e la celebre e ricchissima decorazione pittorica (quasi interamente conservata presso il Museo Archeologico Nazionale di Napoli) pertinente all'ultimo periodo dell'arte pompeiana. La casa è così chiamata per l'emblema (riquadro) a mosaico inserito nel pavimento del tablino raffigurante la prova teatrale di un dramma satiresco e per la presenza, nella decorazione pittorica, di temi ed episodi tratti dall'Iliade. L'impossibilità di accesso diretto al sito ha suggerito di adottare per questo contesto un espediente interessante per la sua restituzione 3D, in qualche modo legato alla valorizzazione e alla conoscenza dei sistemi espositivi del passato. La casa fu scavata tra il 1824 ed il 1825, pochi anni dopo essa venne ricostruita dal pittore Enrico Salfi con un modellino in gesso e legno che ne riproduce la fisionomia nei dettagli, alcuni dei quali non più visibili in situ per problemi legati al degrado insorto dopo il rinvenimento. Il modellino è quindi un documento in sé, dal quale possiamo desumere informazioni dettagliate sulle decorazioni interne, sulla struttura della casa e sulla sua articolazione planivolumetrica (Fig. 4). Nella piattaforma VR la fruizione si è quindi spostata su una esperienza di visita all'interno modello ligneo, in cui sono stati ricollocati i mosaici e gli affreschi esposti nel museo (Fig. 5). Il visitatore ha la possibilità di immergersi nella casa ricostruita secondo questo particolare approccio, con possibilità di accesso alle informazioni di dettaglio e sull'iconografia degli apparati figurativi, visualizzabili attraverso l'attivazione interattiva delle foto ad alta risoluzione riprese al MANN.

La seconda virtual room raccoglie invece oggetti significativi di altri importanti musei della città: il Museo del Tesoro di San Gennaro, con le sue preziose e uniche opere dal valore inestimabile. Il Museo civico Gaetano Filangieri, con le sue collezioni eterogenee, il museo di San Severo al Pendino, il Museo Diocesano e la Chiesa di Donnaregina con in primo piano il mausoleo di Maria d'Ungheria, moglie di Carlo II d'Angiò, il Cartastorie, il singolare museo dell'Archivio Storico del Banco di Napoli e le Sette Opere di Misericordia, il capolavoro di Caravaggio esposto nel complesso di Pio Monte della Misericordia (Fig. 6). Lo spazio virtuale è anche qui interessato dalla presenza di una selezione di opere organizzate secondo un percorso esperienziale, dove i masterpieces dei musei appena citati sono restituiti fedelmente attraverso tecnologie integrate, in particolare con l'ausilio della fotogrammetria digitale. I modelli tridimensionali, dotati di texture colore ad alta risoluzione, rivelano al visitatore particolari inediti con approcci inusuali e viste impossibili nella realtà. Di un certo interesse la trasformazione in 3D di un dipinto di Tommaso Ruiz che ritrae la riviera di Chiaia nel 1730. La trasformazione del dipinto permette di osservare la scena ritratta attraverso un diorama tridimensionale (Fig. 7) che favorisce una lettura del dipinto per elementi singoli, contribuendo così all'osservazione secondo piani di profondità. Più avanti, nel corridoio della sala, separati dai due ambienti virtuali adiacenti, trovano posto gli scolatoi di San Severo al Pendino, generalmente chiusi al pubblico, ma qui visitabili senza restrizioni fisiche e psicologiche. Di notevole interesse artistico, nella sezione dedicata al complesso di Donnaregina, il mausoleo di Maria d'Ungheria. Il sepolcro fu realizzato su commissione del re di Napoli Roberto d'Angiò, figlio della stessa Maria d'Ungheria, per rispettare il volere della madre defunta di essere sepolta nella chiesa da lei fatta edificare.

Il mausoleo è attualmente collocato sulla parete sinistra della navata della chiesa. La regina è raffigurata due volte sul monumento: una volta è vestita con il saio francescano in ginocchio dinanzi alla Madonna ed un'altra è giacente sul sarcofago, sostenuto questo dalle quattro Virtù con ai lati due angeli raffigurati nell'atto di aprire le cortine per mostrare la defunta. Il sarcofago presenta nella parte frontale sette piccole nicchie con colonnine ad archi acuti che ospitano piccole statue dei figli della regina. Nella viaggio virtuale il visitatore potrà usare un ascensore per osservare da vicino e dall'alto l'interno del sarcofago, restituito in ogni parte per non limitare le potenzialità offerte dalla tecnologia VR.

Chiude la visita una passeggiata per i decumani di Napoli. Questo terzo percorso è stato costruito a partire dalla restituzione 3D di nove facciate di edifici storici, tutti fruibili senza barriere fisiche e anche qui da punti di vista inusuali. Il visitatore potrà sollevarsi per osservare particolari architettonici ubicati ad altezze di 10-15 metri o semplicemente osservare il monumento da angolazioni impossibili nel corso di una visita reale. Nel quartiere San Gregorio Armeno si potrà poi osservare il fregio dell'omonima chiesa, che si trova stretto tra le facciate degli edifici prospicienti la strada, distanti circa tre metri l'uno dall'altro. Così, proseguendo la visita virtuale si potrà ammirare la statua del dio Nilo nell'omonima piazzetta. La storia legata alla scultura risale ai tempi della Napoli greco-romana, quando nell'area in cui tuttora insiste il monumento si stabilirono numerosi egiziani provenienti da Alessandria d'Egitto. Il popolo napoletano accolse con fiducia queste colonie, poi soprannominate le «nilesi», in onore al fiume egiziano (Fig. 8). Gli alessandrini decisero così di erigere una statua che ricordasse loro proprio il fiume Nilo, elevato ai ranghi di divinità portatrice di prosperità e ricchezza. Nei secoli successivi la statua venne però abbandonata e dimenticata, fino al suo ritrovamento avvenuto intorno alla metà del XII secolo. La statua, privata della testa, venne poi nuovamente abbandonata, per poi essere ancora una volta riscoperta solo nel XV secolo. Essa quindi rappresenta una importante testimonianza di integrazione sociale, di abbandono, di riscoperta di valori culturali e simbolo di uno dei più interessanti luoghi della città, tutti valori che ne giustificano pienamente l'inserimento nella piattaforma Virtual Neapolis.

Un ultimo caso di studio degno di nota è la restituzione 3D della Casina Pompeiana, all'interno di Palazzo Venezia, nel cuore di Napoli. Palazzo Venezia è custode di una storia antica. Fu donato dal Re di Napoli Ladislao II D'Angiò Durazzo alla Serenissima Repubblica di Venezia intorno al 1412. Il "napoletano palazzo di Venezia", come veniva appellato, è stato per circa quattrocento anni sede dell'ambasciata veneta nel Regno di Napoli. L'edificio fu oggetto di attenzioni anche da parte di Benedetto Croce, che lo definì una delle più importanti costruzioni nel cuore della città, unica nel suo genere. Posto lungo il decumano inferiore, a pochi metri dalla prestigiosa Chiesa di Santa Chiara e da Piazza del Gesù nuovo, Palazzo Venezia con la sua scenografica loggia e con la casina pompeiana circondata da un giardino pensile, si impone per l'intensità e la forza della sua storia. La sua amenità verdeggiante è stata oggetto di numerose riflessioni letterarie, che ne sottolineano il carattere paradigmatico ed i caratteri distintivi del giardino napoletano. Alla fine della sua storia recente, nel 1816, il palazzo fu ceduto dall'Impero austriaco al giurista Gaspare Capone, che realizza un volume absidato tra la loggia ed il giardino. In tal modo, l'area verde viene riportata all'originaria condizione di luogo non immediatamente visibile, nascosto e sorprendente proprio per l'anomalo colpo di scena che suscita nel visitatore. Spicca sulla facciata della casina un'iscrizione latina, quasi una dedica romantica del proprietario a questo luogo, che rievoca i complessi valori che esso riassume e trasmette:

CARA DOMUS SED UBIHORTULUS ALTER ACCESSIT QUANTO CARIOR ES DOMINO NUNC ET ADESSE AT ABESSE FORO NUNC TEMPORE EODEM VIVERE MI RURI VIVERE IN URBE LICET A. 1818.

(Da molto tempo tu mi sei cara, o casa, ma da quando un orticello si è aggiunto quanto più cara sei ora al tuo padrone ed io ora posso prender parte alla vita pubblica o non parteciparvi ed allo stesso tempo posso vivere in campagna e vivere in città).

Il video-trailer del progetto Virtual Neapolis, che illustra in forma passiva le finalità del progetto, termina appunto con la trascrizione di questa singolare dedica, riportata appositamente con l'intento di suscitare nel visitatore la curiosità di conoscere questi luoghi dal vivo perché, lo ricordiamo ancora una volta, l'esperienza virtuale non vuole sostituirsi alla visita reale, me ne costituisce semmai un arricchimento.

Tecnologie impiegate

La tecnologia alla base di questa esperienza virtuale è fondamentalmente incentrata sull'uso massivo della fotogrammetria digitale. Un metodo di acquisizione 3D ormai noto a tutti, spesso utilizzato diffusamente per il suo basso costo, la speditività e la possibilità di generare modelli fotorealistici, completi di texture ad alta definizione. La restituzione fotogrammetrica o image-based, come suggerisce il nome, ricava misurazioni e modelli 3D da fotografie. Negli ultimi anni si è assistito allo sviluppo verticale di questa tecnica e la conseguente messa a punto di nuovi metodi di restituzione nel campo della fotogrammetria terrestre. Pacchetti software commerciali a basso costo, basati sulla misurazione automatica o semi-manuale, permettono, dopo una fase di orientazione e di bundle adjustment, di ottenere un insieme di dati calibrati a partire da una serie di immagini. L'evoluzione di questi software è stata negli ultimi anni molto veloce e promettente, al punto che oggi molti studi e laboratori di ricerca preferiscono queste ad altre tecniche attive, tipo il laser scanner. Solo qualche anno fa difficilmente ci si avventurava nell'acquisizione di modelli 3D da foto, la maggior parte degli operatori del settore preferiva usare un laser scanner, molto più costoso e molto accurato. La fotogrammetria, da cui tutte queste tecniche dipendono, richiedeva uno sforzo notevole per contenere gli errori di misurazione. Le tecniche più usate erano il fotoraddrizzamento, la generazione di 3D da sequenze ordinate di silhouette e la fotomodellazione point-by-point. Il fotoraddrizzamento era prevalentemente usato in architettura, al fine di ottenere ortofotopiani di facciate. Le procedure più utilizzate oggi sono molto lontane dalle prime esperienze appena descritte, sono completamente automatizzate e partono da una sequenza di immagini non calibrate. I software commerciali monoscopici multi-immagini, utilizzano tecniche che sfruttano il principio della correlazione e permettono di eseguire l'orientamento interno ed esterno dei fotogrammi in modalità automatica, generando poi il modello tridimensionale completo di textures. I risultati conseguiti in diverse sperimentazioni hanno evidenziato solo alcuni problemi dovuti soprattutto alla presenza di "lacune" e di "rumore", essenzialmente dovuti al deficit informativo, cioè alla scarsa copertura fotografica in quei punti. Altre difficoltà si sono riscontrate nel caso di oggetti con superfici troppo regolari, scarsamente caratterizzate, per esempio ringhiere, elementi sottili o squadrati. Malgrado questo, i nuovi software utilizzano algoritmi flessibili, tutti derivati dall'algoritmo structure-from-motion (SfM), tali da garantire l'orientamento delle foto anche in assenza delle procedure classiche prescritte della fotogrammetria digitale, vale a dire senza calibrare preventivamente la camera e senza nessun sostanziale apporto da parte dell'operatore nelle fasi di orientamento. Tutte le operazioni sono quindi automatiche, lasciando aperta la possibilità di impostare dei parametri in funzione della qualità desiderata per la definizione del numero dei poligoni e delle dimensioni delle textures da generare. Come già detto, oggetti poco caratterizzati sono molto difficili da restituire, proprio perché il software non è in grado di "tracciare" nessuna feature, cioè non è in grado di "inseguire" punti ben distinguibili, al contrario oggetti sporchi o vecchi, sono molto facili da restituire. Questo spiega il successo di questa tecnica nelle campagne di rilievo archeologico e nel nostro caso di rilievo delle facciate storiche (Fig. 9).

In questo lavoro specifico le campagne di rilievo fotogrammetrico sono state condotte principalmente con un drone ultraleggero (inoffensivo), per motivi di compatibilità d'uso in spazi angusti e per la possibilità di sorvolo, per tempi limitati, su aree densamente abitate. L'adozione del metodo è stata dettata dall'impossibilità di realizzare le restituzioni con altre tecniche di rilievo indiretto. L'uso di uno scanner laser avrebbe per esempio posto diversi ed importanti problemi di acquisizione delle parti sommitali degli edifici, senza contare i sottosquadri, le problematiche connesse alla mappatura del colore visibile (texturing), la risoluzione e qualità delle foto e, non ultima, la presenza di "elementi di disturbo" ambientale, come l'affollamento, la presenza di volatili, di automobili in transito, di cavi elettrici, ecc. Il drone ultraleggero usato per questo lavoro si è dimostrato invece estremamente versatile. Il sensore, grandangolo 21 MP (5344x4016) / 4:3 / 84° HFOV e rettilineo da 12 MP (4000x3000) / 4:3 / 75.5° HFOV, si è dimostrato adeguato alle finalità del progetto e la sua contenuta risoluzione non ha comportato deficit morfologici significativi. Va a riguardo ricordato che la risoluzione delle singole foto dalle quali si genera un modello fotogrammetrico non costituisce in sé un impedimento all'ottenimento di modelli 3D accurati. Risultati soddisfacenti si ottengono, come noto, aumentando il numero delle foto ed avvicinandosi all'oggetto da restituire. Un ulteriore elemento di merito nell'uso di questi sensori, rispetto ad una lente reflex, è nella loro alta profondità di campo che al livello operativo assicura quasi sempre una corretta messa a fuoco degli oggetti ripresi. Questo aspetto migliora notevolmente la qualità complessiva della restituzione e soprattutto la nitidezza delle textures generate.

La piattaforma VR nel suo complesso accoglie quindi i modelli tridimensionali per la maggior parte creati attraverso la fotogrammetria, sia con drone che con camera a terra. Un particolare approccio è stato utilizzato per la restituzione 3D del plastico della Casa del poeta Tragico. Il rilievo ha seguito due fasi distinte: nella prima fase è stato creato un modello 3D grezzo da fotogrammetria, utile per semplificare le fasi di remeshing, nella seconda la casa è stata rimodellata manualmente. In effetti la restituzione del plastico con sola tecnica fotogrammetrica avrebbe richiesto tempi molto lunghi, soprattutto per l'impossibilità di risolvere particolari molto piccoli e nascosti. Per questo motivo si è deciso di rimodellare la casa manualmente, in ambiente 3D. Il modello grezzo basato su fotogrammetria è stato quindi usato come base d'appoggio, su questo sono state ridefinite tutte le superfici interne, texturizzate con foto singole che riprendono in dettaglio ogni parte del plastico. Le foto necessarie al texturing sono state riprese frontalmente al fine di agevolare le successive operazioni di raddrizzamento. Poiché il modello ligneo è, a meno di alcuni particolari, geometricamente riconducibile a superfici piane, questa operazione non è risultata particolarmente complessa ed ha prodotto risultati soddisfacenti (Fig. 10).

I modelli delle facciate sono stati inseriti nell'ambiente urbano reso sinteticamente con colore neutro o nelle virtual room previa trasformazione dell'intero workspace con bake textures, vale a dire con ombreggiature, calcolo radiosity e occlusione ambientale riportati su texture precalcolate. Tale accorgimento permette un notevole sgravio del processing real-time, anche in considerazione dell'alto numero di poligoni da gestire. Le texture precalcolate sono state suddivise in patches di dimensioni compatibili con il software di authoring, che predilige mappatura UVW con contenuto totale dei pixel in potenze a base 2, preferibilmente 4096x4096 (2^{12}). Il software di gestione VR è Unity 3D, che ha dimostrato ottime capacità di gestione e stabilità complessiva in rapporto al visore target per lo sviluppo (HTC Vive). L'utilizzo di un approccio integrato tra lo sviluppo del software e la gestione di un hardware dedicato ha consentito di massimizzare le prestazioni del sistema, per garantire i più elevati livelli di comfort ottenibili dalla tecnologia. È stato in tal modo possibile raggiungere frame-rate compresi tra 90 e 120 fotogrammi al secondo in stereoscopia, mantenendo una elevata fedeltà dei dettagli dei modelli 3D. Tale approccio è stato affiancato da una gestione delle animazioni e dei movimenti opportunamente concepiti per evitare o limitare gli effetti di motion-sickness che possono verificarsi durante l'utilizzo di tali sistemi. La scelta di un sistema con 6 gradi di libertà nel tracciamento dei movimenti ha permesso di far percepire una maggiore naturalezza e quindi comfort durante la fruizione dei contenuti. Le specifiche tecniche dell'intera piattaforma HW/SW consentono infine di indurre nell'utente una reale e naturale sensazione di presenza nei luoghi.

Ringraziamenti

Un particolare ringraziamento va a Mario Massa già segretario generale della Fondazione di Comunità del Centro Storico di Napoli, persona di grande sensibilità, che ha saputo gestire le complesse dinamiche di management del progetto in tutte le sue fasi. Non meno importante il contributo di Riccardo Imperiali di Francavilla, anch'egli impegnato efficacemente e tenacemente nella realizzazione di questo ambizioso progetto. La piattaforma non si sarebbe realizzata senza il supporto dei diversi direttori e gestori dei musei Napoletani, Paolo Giulierini (MANN), Paolo Iorio (Museo del Tesoro di San Gennaro e Filangieri) responsabile scientifico del progetto, Don Alfonso Russo e Nicola Ciaravola (Complesso Monumentale Donnaregina), Sergio Riolo (Museo Cartastorie), Gianpaolo Leonetti (Complesso Pio Monte della Misericordia).

La piattaforma VR è stata interamente programmata da Irrazionali s.r.l.s., grazie infinite a Matteo Greco e Maria Teresa Levante per il loro prezioso apporto.

Bibliografia

Becker S. and N. Haala N. 2007. Combined Feature Extraction for Facade Reconstruction. *IAPRS Workshop on Laser Scanning and SilviLaser*, 36(3): 44-49.

Boccardo P., S. Dequal, A. Lingua and F. Rinaudo 2001. True digital orthophoto for architectural and archaeological applications. *IAPRS Archives*, 34(5): 50-55.

Böhm J. and S. Becker 2007. Automatic marker-free registration of terrestrial laser scans using reflectance features, in Grün A. and Kahmen H. (eds) *8th Conference on Optical 3D Measurement Techniques*: 338-344. Zurigo: ETH.

Cho B.H., J. Ku, D. Pyo Jang, S. Kim and Y. Hee Lee 2004. The Effect of Virtual Reality Cognitive Training for Attention Enhancement. *CyberPsychology & Behavior*, 5(2): 129-137. https://doi.org/10.1089/109493102753770516

Debailleux L., G. Hismans and N. Duroisin 2018. Exploring Cultural Heritage Using Virtual Reality, in Ioannides M. (ed.), *Digital Cultural Heritage*. Lecture Notes in Computer Science book series (LNCS, volume 10605): 1-16. Cham: Springer. DOI: 10.1007/978-3-319-75826-8_24

El-Hakim S.F., J.S. Beraldin and F. Blais 2003. Critical factors and configurations for practical 3D imagebased modeling, in *6th Conference on 3D Measurement techniques 2*: 159-167. Toronto: National Research Council of Canada.

Gabellone F. 2014. Approcci metodologici per una fruizione virtuale e arricchita dei Beni Culturali. *Arkos Scienza Restauro e Valorizzazione*, 5-6: 7-17.

Gabellone F. 2015. Digital technologies and communication: prospects and expectations. *Open Archaeology*, 1(1): 102-118. DOI: 10.1515/opar-20150005

Gabellone F. 2019. *Archeologia Virtuale. Teoria, tecniche e casi di studio*. Lecce: Edizioni Grifo.

Haddad N.A. 2016. Multimedia and cultural heritage: a discussion for the community involved in children's heritage edutainment and serious games in the 21st century. *Virtual Archaeology Review*, 7(14): 61-73. DOI http://dx.doi.org/10.4995/var.2016.4191

Meierhold N., M. Spehrb, A. Schilling, S. Gumholdb and H.G. Maasa 2010. Automatic feature matching between digital images and 2D representations of a 3d laser scanner point cloud. *International Archives of Photogrammetry, Remote Sensing and Spatial Information Sciences*, 38(5): 446-451.

Roussou M. and D. Efraimoglou 1999. High-end interactive media in the museum, in International Conference on Computer Graphics and Interactive Techniques. *Conference abstracts and applications*, 8(13): 59-62.

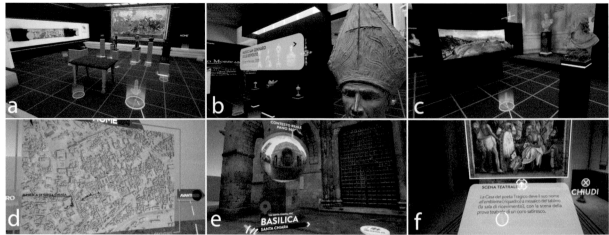

Figura 1: Immagini tratte dalla piattaforma. a) la virtual room dedicata alla Casa del Fauno; b) didascalie attivate perprossimità all'oggetto; c) la virtual room dedicata ai musei, con in primo piano il diorama del dipinto di T. Ruiz; d) il plasticodella città dal quale visualizzare i POI; e) Santa Chiara, con in evidenza la bolla 360° e il modello 3D della basilica sullo sfondo;f) info sui dipinti nella Casa del Poeta Tragico

Figura 2: La virtual Room dedicata alla Casa del Fauno

Figura 3: *La Casa del Fauno con gli oggetti contestualizzati*

Figura 4: Il plastico in gesso e legno della Casa del Poeta Tragico

Figura 5: Ricostruzione della Casa del Poeta Tragico, realizzata a partire dal plastico in legno

Figura 6: La Virtual Room dedicata ai musei di Napoli

Figura 7: Il diorama di Ruiz nella Virtual Room dedicata ai musei di Napoli

Figura 8: La statua del dio Nilo

Figura 9: Esempio di restituzione di una facciata e sua visualizzazione nella piattaforma

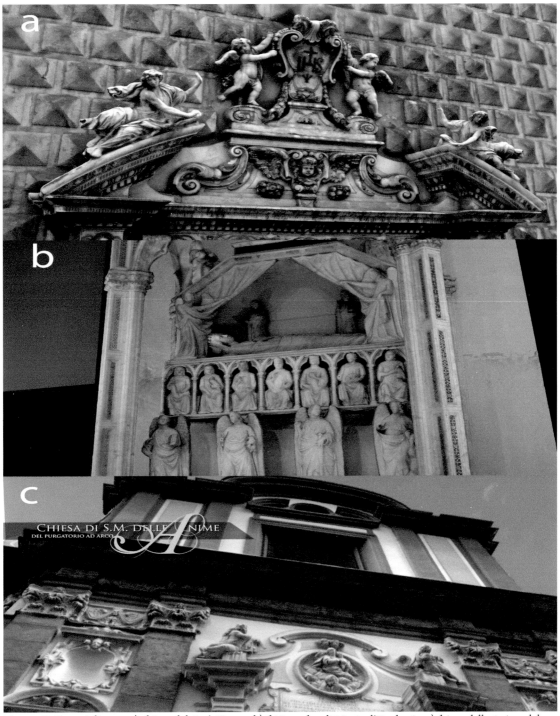

Figura 10: Esempi di resa. a) chiesa del Gesù Nuovo; b) il Mausoleo di Maria d'Ungheria; c)chiesa delle Anime del Purgatorio ad Arco

Virtual tour di Poggio Bonizio: teoria, tecnologia e applicazioni dalla grafica 3d alla VR

Stefano Bertoldi*

*Università degli Studi di Siena

Abstract: The archaeological project on the hill of Poggio Imperiale began in 1992; its inception is characterized by an intense experimentation of IT applications. During 2014, the University of Siena began a new project focused on the valorization of archaeological data with the creation of an Open-Air Museum of the Carolingian village, one of the archaeological phases of the settlement. Over the last years, with the application of photogrammetry to record every stratigraphic unit, archaeological 3D data has increased exponentially. With this large amount of data, the idea of the C.A.P.I. project was born (Collina Accessibile di Poggio Imperiale – Accessibility of the Hill of Poggio Imperiale), which involves the construction of a 3D model of the archaeological area, on which the three main life stages of the hill will be modelled using 3D computer graphics. Virtual tours can be experienced through PCs, tablets, smartphones, and even VR headsets, offering users a fully immersive experience. However, virtual reality will not be a replacement for the materiality of the archaeological site, on the contrary, it will provide an additional tool to make the site accessible and inclusive to any potential visitor, regardless the physical distance, impairment, or time zone.

Riassunto: Il progetto archeologico sulla collina di Poggio Imperiale a Poggibonsi è iniziato nel 1992 e fin dalle origini è stato caratterizzato da una intensa sperimentazione di tecnologia per la registrazione e valorizzazione della documentazione stratigrafica. Nel 2014 l'Università degli Studi di Siena iniziò un nuovo progetto finalizzato alla valorizzazione dei Beni Archeologici, attraverso la creazione di un Open Air Museum riguardante il villeggio di età curtense scavato nel sito. Negli ultimi anni, soprattutto grazie alla diffusione della fotogrammetria applicata alla registrazione delle singole unità stratigrafiche, l'uso della documentazione tridimensionale in archeologia è cresciuta esponenzialmente. Anche grazie all'acquisizione di queste grandi quantità di dati, è nata l'idea del progetto C.A.P.I. (acronimo di Collina Accessibile di Poggio Imperiale), che riguarda la costruzione di un modello tridimensionale dell'area archeologica, utilizzato per la ricostruzione in grafica 3d di tre fasi insediative della collina: tali ricostruzioni sono navigabili attraverso virtual tour. Queste ultime tecnologie, che possono essere utilizzate tramite PC, tablet, smartphone oppure I visori di realtà virtuale, permettono all'utente una immersione totale nelle ricostruzioni. In ogni caso, la realtà virtuale nel contesto di Poggibonsi, non è utilizzata come sostituzione della materialità del sito archeologico, ma come strumento aggiuntivo che possa permettere l'accessibilità ad ogni potenziale visitatore del Parco Archeologico.

Keywords: Virtual reality, Technologies Applied to Cultural Heritage, Virtual reconstruction, Computer science and archaeology.

"Archeologia" della realtà virtuale

La sperimentazione e l'uso di tecnologia assimilabile al concetto di realtà virtuale in archeologia non sono certamente una novità e fin dagli anni '90 del XX secolo sono state utilizzate applicazioni di questo tipo con l'obiettivo di rendere realmente immersivi i dati archeologici, che per loro natura risultano essere spesso parziali, estremamente poco comprensibili al grande pubblico e troppe volte incapaci di trasmettere il loro potenziale informativo, evocativo ed emotivo.

La realtà virtuale, intendola come tecnologia, non è una vera e propria rivoluzione degli ultimi anni, ma anzi si tratta di un'idea di oltre sessant'anni fa: nel 1960 infatti Morton L. Heilig brevetta la Telesphere Mask, ovvero un vero e proprio visore del tutto simile da un punto di vista morfologico agli attuali, che doveva permettere la simulazione di tridimensionalità, dopo averla collegata al televisore e applicata sul viso; inoltre era capace di emettere odori e colpi d'aria per simulare l'effetto del vento. L'idea nasceva dall'intuizione di Heilig di intendere la scena teatrale come stimolo ultraimmersivo per il pubblico, che non doveva essere spettatore, ma coinvolto e catapultato nel cuore della scena (Heilig 2002).

Nonostante non abbiano avuto uno sviluppo concreto, le intuizioni di Heilig rappresentano l'apporto primitivo a questa idea; In particolare Fischer, direttore del Virtual Environment Workstation Project (VIEW) della NASA, riconobbe il pioniere della realtà virtuale ed il suo ruolo nell'idea avuta (Fisher 1991).

Fisher, promosse il progetto Aspen Movie Map, ovvero una sorta di Street View di Google della città di Aspen, in cui l'utente avrebbe potuto visitare virtualmente con un visore posizionato sugli occhi e grazie ad un guanto, ricevere anche un'esperienza tattile.

L'idea della virtual reality nasce quindi oltre 60 anni fa, ma si sviluppa solo dal momento in cui i personal computer diventano di dominio comune, si diffonde l'uso di Internet e il progresso tecnologico mette a disposizione di un ampio pubblico gli strumenti informatici a basso costo, come ad esempio gli headset.

Reale, virtuale, artificiale?

In un processo di ricostruzione virtuale del patrimonio archeologico, a monte delle soluzioni software, della soluzione estetica adottata e delle metodologie ricostruttive (che possono essere esplicitate o meno, applicate in maniera filologica oppure estremamente interpretate, accettate, condivise oppure contestate) esiste un concetto teorico che vale la pena analizzare ed esplicitare aprioristicamente: nel campo dell'archeologia, la ricostruzione è reale oppure virtuale?

Il concetto di "realtà" significa "lo stato delle cose come sono, piuttosto che come si immagina che siano"; si contrappone quindi la realtà alla fantasia e non tanto alla virtualità. Ma un punto di vista prettamente terminologico è virtuale ciò che non è tangibile, che non è materiale, ovvero in sintesi, una cosa che non esiste.

In questa linea di pensiero esiste una certa affinità tra ciò che è reale e la Natura: Schopenhauer intende la natura come una rappresentazione del mondo della non volontà, a prescindere quindi dalle intenzioni e dall'esistenza esperienziale umana. Un universo virtuale pienamente compiuto è un'esperienza interamente composta dalla volontà umana, in cui tutto è sostanzialmente prevedibile e previsto da un architetto del dato, che plasma il suo sistema virtuale attraverso proprie direttive e volontà. Per quanto la virtualità possa essere simile alla Natura, magari attraverso l'occupazione di tutti i cinque sensi, non potrà mai essere assimilato alla materialità, perchè la prima è figlia della volontà di rappresentazione dell'Uomo, mentre la seconda esisterebbe anche senza la mediazione umana. All'interno di un mondo interamente progettato dall'umanità, che senso avrebbe il concetto di etica? Se è possibile effettuare ogni scelta, anche quelle socialmente, culturalmente e moralmente condannabili, senza andare incontro a conseguenze pratiche, perchè dovrei pormi dei limiti? Certamente può esserci una linea di applicazione etica nel punto di contatto tra virtuale e reale, ma non può esserci all'interno della realtà virtuale, che (se presente) sarebbe di fatto una regola imposta dall'architetto del dato (Bondi 2019). Concordo con Bondi quando afferma che l'assenza di etica non è concepibile nemmeno in un mondo interamente virtuale, perchè l'uomo non può dirsi integralmente tale se abita all'interno di un ambiente virtuale e quest'ultimo non è eternamente sostenibile per l'umanità.

Nella definizione ossimorica di "realtà virtuale", in cui coesistono due definizioni, come detto precedentemente, che risultano essere antitetiche, non troviamo quindi una precisa correlazione con il processo di lavoro di ricostruzione archeologica, in quanto la virtualizzazione rappresenta una simulazione della Natura, ma che non esiste materialmente.

Se nella realtà virtuale si tende a rispettare comunque i principi fisici (qualunque essi siano, anche con regole di ingaggio fantasiose in cui gli uomini ad esempio possono volare), all'interno della definizione di realtà artificiale troviamo parallelismi più interessanti: la realtà artificiale è un mondo che non esiste e in cui è anche possibile infrangere le leggi della fisica (Gallarini 1994: 15-16). Un archeologo che si occupa di modellazione tridimensionale e di realtà virtuale (o meglio, artificiale), ha l'intenzione in primo luogo di abbattere una legge fisica: il tempo.

Fino ad Albert Einstein il tempo era un parametro che non poteva essere variato, connotato da una direzione univoca; successivamente il concetto temporale venne accostato a quello spaziale, introducendo di fatto con la Relatività Ristretta uno spazio quadridimensionale in cui il tempo risultava esserne una variabile. Lo spaziotempo può di fatto essere curvato e deformato da un corpo (Chown 2018: 97-98, 101-103). Sebbene quindi, almeno su un piano teorico, la comunità scientifica reputi possibile uno spostamento spaziotemporale non lineare (secondo il nostro punto di vista umano) verso il futuro, molto più problematico invece rimane il viaggio nel tempo passato: anche se, è bene precisarlo, ognuno di noi sta perennemente osservando non un fenomeno presente, ma passato.

Ciò che gli archeologi scavano, benché non esista più nel presente (o comunque conservandone alcune parti della forma ma non della sostanza), è esistito in un determinato momento del passato. È stato quindi, in un preciso attimo storico, reale. La virtualizzazione del patrimonio archeologico, se fatta partendo dal dato materiale e con metodo filologico, non è quindi una simulazione di ciò che non esiste; casomai di ciò che non esiste più ma che è esistito. Si tratta quindi di una sorta di viaggio nel tempo in cui l'archeologo proietta le proprie conoscenze acquisite dal dato materiale e ripropone la propria realtà artificiale.

Finalità

L'obiettivo del progetto di ricerca CAPI, per quanto riguarda i virtual tour, è quello di sperimentare e progettare delle soluzioni virtuali di valorizzazione del patrimonio archeologico di Poggio Imperiale a

Poggibonsi. Il programma di costruzione e di sviluppo del Parco Archeologico, che dal 2014 è stato integrato e particolareggiato dall'Archeodromo (Fig. 1), ovvero il primo Open Air Museum italiano sull'Alto medioevo, sta proseguendo ed i risultati economici, sociali e culturali sono visibili, nonostante le problematiche legate al periodo pandemico (Valenti 2016; Valenti 2019).

Pensare, trovare soluzioni tecnologiche e realizzare un ambiente virtuale non può e non deve essere un semplice esercizio tecnico che insegue la moda del momento, anche in conseguenza del particolare periodo storico che abbiamo e stiamo ancora vivendo. Un approccio virtuale alla tipica materialità del dato archeologico non può nemmeno essere un semplice "mettere in mostra" le bellezze come ci ha proposto il Ministero un anno fa con il progetto "Gran Virtual Tour – Il viaggio nel Patrimonio Culturale Italiano". Serve un'idea, serve un disegno di spessore politico, serve la volontà di intercettare un determinato pubblico; possibilmente un pubblico nuovo e diverso da quello che di solito frequenta musei, aree monumentali, parchi e siti archeologici. Magari un pubblico che non può apprezzare la materialità dell'archeologia.

In sintesi, si potrebbe affermare che un processo di virtualizzazione sia un ulteriore passo in avanti partendo dalla definizione polemica di museo ottocentesco dove "tutto è in mostra ma quasi nulla è esposto" (Basso Peressut 2005: 18) passando attraverso la definizione di Museo data dall'ICOM nel 2007, per cui "Il museo è un'istituzione permanente, senza scopo di lucro, al servizio della società, e del suo sviluppo, aperta al pubblico, che effettua ricerche sulle testimonianze materiali ed immateriali dell'uomo e del suo ambiente, le acquisisce, le conserva, e le comunica e specificatamente le espone per scopi di studio, educazione e diletto".

Nello specifico caso del progetto CAPI, il pubblico che volevamo intercettare in un'ottica di "industrializzazione" della soluzione progettata era molteplice; il punto di partenza era quello degli utenti che, più di tutti, hanno frequentato l'archeodromo ed il parco archeologico e tecnologico di Poggio Bonizio negli anni passati, ovvero bambini e ragazzi in età scolastica.

Ma in un'ottica di accessibilità globale al patrimonio archeologico volevamo anche incontrare un pubblico più vasto possibile, senza nessuna forma di discriminazione, abbattendo (perlomeno digitalmente) barriere architettoniche e cognitive in luoghi come i siti archeologici, che presuppongono la Tutela come elemento cardine, trasformando l'accessibilità in una attività successiva e subordinata. L'articolo 3 del Codice dei Beni Culturali e del Paesaggio, nel descrivere la Tutela, afferma che il fine ultimo di un qualsiasi Bene è la pubblica fruizione, intendendo quindi un legame inscindibile tra i due concetti chiave. Al contempo però la Legge Italiana sancisce un vero e proprio ordine di priorità sugli aspetti da prendere in considerazione quando si tratta di BBCC. Assicurata la Tutela del Bene e garantita la Sicurezza a persone e cose, la mission è quella di rendere pubblicamente fruibile il Patrimonio (D.M. 10 maggio 2001).

In un mondo apparentemente globalizzato, ma in cui i confini geopolitici, sociali, economici ed ideologici persistono come un retaggio passato ma assolutamente presente e tangibile, i percorsi virtuali possono essere un esempio di come superare questi sbarramenti.

Le indagini archeologiche e la città di *Podium Bonizi*

La collina di Poggio Imperiale è stata oggetto di scavi archeologici nei periodi 1993-2009 e 2017-2019, evidenziando una lunga e complessa successione di frequentazioni dalla tarda antichità al rinascimento (Valenti 1996; Francovich, Valenti 2007; Valenti, Savegnago 2020.). Lo scavo ha permesso di comprendere, in continuità con altri contesti di altura della provincia di Siena come ad esempio Montarrenti (Francovich, Milanese 1988, Cantini 2003) e successivamente Miranduolo (Valenti 2008, Valenti 2013, Menghini *et al.* 2021), le lunghe fasi di trasformazione delle campagne medievali (Valenti 2004), che condussero al fenomeno dell'incastellamento, prodotto finale di un complesso ed articolato processo di lunga durata che inizia già nell'altomedioevo.

In questa sede non ci occuperemo delle fasi altomedievali di Poggibonsi, ma concentreremo l'attenzione sulla "quasi città" di Poggio Bonizio. Colui che diede avvio all'impresa urbana di Poggio Bonizio fu il conte Guido Guerra, che nel 1155, in accordo con Siena, iniziò la costruzione del castello, in una zona al centro di interessi strategici, militari ed economici. Fin dalle fasi progettuali Poggio Bonizio venne pensato e costruito seguendo schemi urbani, con monumenti e piazze, utilizzando maestranze specializzate con un importante investimento del conte (Fig. 2).

Gli edifici civili e produttivi del castello erano divisi da una viabilità principale, che deve essere interpretata con la "via di mezzo" citata nella documentazione d'archivio riguardante compravendite di fabbricati, eredità e donazioni. Le case a schiera ai lati della strada erano di grandi dimensioni (oltre 20 metri di lunghezza per 6-8 metri di larghezza), avevano un piano terra e uno o due superiori. A livello stradale si trovavano le botteghe, ai piani superiori le abitazioni vere e proprie (Valenti, Causarano 2011: 83-85).

Nella zona est era presente la chiesa di Sant'Agnese, struttura ad impianto basilicale a tre navate, con una dimensione di 43 per 19 metri e caratterizzata anche dalla presenza di una torre campanaria (Francovich, Valenti 2007: 157-161) (Fig. 3). L'insediamento, nei primi decenni del XIII secolo proseguì nel suo percorso di crescita economica, insediativa e demografica (Fig. 4), anche attraverso la nascita (attestata dalle fonti scritte) di contrade esterne alle mura: intorno alla metà del '200 venne costruita la chiesa di Sant'Agostino, localizzata anch'essa lungo la viabilità principale ma nella parte opposta rispetto a Sant'Agnese; era una chiesa monumentale, di quasi 60 metri per oltre 20, a tre navate e con la facciata sulla grande piazza della cisterna. Nel cimitero, che occupa il lato meridionale di Sant'Agostino, è presente una tomba in cassa litica dove vi è sepolto un pellegrino con quattro conchiglie di Santiago di Compostela (Causarano 2008).

L'insediamento venne assediato e conquistato nel 1270 da Guido di Monfort e Firenze pagò una importante somma per acquisire il diritto a distruggere Poggio Bonizio.

Metodo

Il processo di lavoro ha visto l'impiego di due diverse tecniche di acquisizione digitale: per quanto riguarda l'archeodromo è stato scelto di utilizzare una fotocamera a 360° Insta 360 One X, che permette di generare fotografie e filmati sferici dell'ambiente intero intorno alla fotocamera stessa. Lo strumento utilizza due lenti opposte che scattano 180° ciascuna e il software interno "incolla" le due immagini, offrendo quindi come risultato una sfera foto e/o video (Fig. 5).

La seconda strada scelta, nel caso della città bassomedievale di Poggio Bonizio, è quella della grafica tridimensionale. Il flusso di lavoro, che verrà descritto in dettaglio di seguito, si basa essenzialmente su tre passaggi fondamentali: un rilievo tridimensionale fotogrammetrico (A), la modellazione in grafica 3D (B), e la creazione del tour virtuale (C). Per quanto riguarda la fotogrammetria, si tratta di un metodo di rilievo ampiamente applicato in archeologia, che oramai ha una letteratura scientifica ricca sia di processi di lavoro sia di casi di studio (dallo scavo alle architetture passando per i reperti, dal paesaggio al remote sensing) (Zoni 2020; Demetrescu 2015; Fiorini 2013; Bertoldi 2018; Mozas-Cavalche *et al.* 2012; Benjamin *et al.* 2009).

Il flusso di lavoro è proseguito esportando il modello tridimensionale in un file obj (ad altissima risoluzione), importandolo poi in un progetto di grafica tridimensionale utilizzando il software open source Blender (Fig. 6). Questo ambiente ha facilitato la modellazione delle strutture della città, che sono state realizzate rispettando il rilievo fotogrammetrico, i dati di scavo e le ricostruzioni grafiche realizzate da InkLink (Bertoldi 2021: 1449-1451). Dato l'enorme numero di geometrie, la struttura del dataset è stata suddivisa in più progetti. I file delle singole ricostruzioni sono stati successivamente collegati tramite la funzione "link" di blender all'interno del progetto esecutivo (Fig. 7 e Fig. 8). Per il rendering grafico, abbiamo combinato le texture fotografiche dello scavo con altre risorse open source (modelli e texture) scaricate dai principali siti di condivisione 3D. In questa prima fase, la modellazione 3D riguarda esclusivamente l'architettura, ma le fasi successive del progetto comprendono anche l'interior design delle case, delle chiese, delle botteghe artigiane, della popolazione medievale di *Podium Bonizi* e dei manufatti (Fig. 9).

Terminata la ricostruzione del quartiere cittadino scavato dagli archeologi, il progetto esecutivo è stato renderizzato utilizzando alcune telecamere posizionate su vari punti del progetto ad un'altezza di 1,75 m (simulando l'altezza di un essere umano); il render è stato eseguito con un angolo di 360, con l'obiettivo di realizzare immagini del tutto simili a quelle scattate con la fotocamera Insta 360 One X. Le sfere fotografiche sono state successivamente importate all'interno del software 3dVista, ovvero l'ambiente di sviluppo scelto per la creazione del tour virtuale (Fig. 10). Il risultato finale è un percorso "storico" del quartiere, in cui l'utente può muoversi liberamente tra gli edifici medievali. L'intenzione è quella di creare uno spazio virtuale simile (pur con strumenti software differenti) a quello proposto per Çatalhöyük (Forte 2014).

Al momento sono stati pubblicati i due primi virtual tour che riguardano l'archeodromo (https://archeodromopoggibonsi.it/VR/Archeodromo/index.htm) e la città di Poggio Bonizio (https://archeodromopoggibonsi.it/VR/Poggio_Bonizio/index.htm): entrambe le web app possono essere navigate gratuitamente tramite browser utilizzando computer, tablet e smartphone. È presente la possibilità di scaricare localmente (e navigare quindi offline) i virtual tour; nel caso di smartphone e tablet verrà creata una nuova app sulla home. È presente la funzione VR, che permette di utilizzare il virtual tour con i visori di realtà virtuale: proprio questa funzione era uno degli elementi cardine della sperimentazione ed effettivamente facilità molto l'esperienza di viaggio, attraverso una capacità immersiva che gli altri device non possono offrire.

Sviluppi

La ricostruzione virtuale di *Podium Bonizi* è stata quindi sviluppata partendo dalla fotogrammetria e implementando quest'ultima attraverso la computer grafica 3D. Il progetto è stato testato su otto case, due chiese (S. Agostino e S. Agnese), il pozzo, il piazzale antistante la chiesa di S. Agostino e la Via Francigena, alcuni arredi interni ed esterni e la ricostruzione di edifici non scavati, attraverso una simulazione volumetrica in vetro. È necessario realizzare ulteriori modelli 3D per perfezionare la struttura, il flusso di lavoro e i dettagli grafici, nonché per testare le sollecitazioni hardware e software del lavoro con un set di dati molto grandi (ad es. case a più piani, palazzi, mura urbane, alberi, oggetti, persone). Nelle ultime versioni di 3dVista, è stata implementata una nuova interessante funzione, che integra il viaggio con il gioco. È infatti adesso possibile interagire con il virtual tour attraverso degli hotspot che generano domande a risposta multipla e, sulla base della risposta, si ottiene un punteggio. È inoltre possibile inserire un timer per fermare il gioco ad un momento prestabilito. Questo tipo di soluzione permetterà di interagire maggiormente con il pubblico, soprattutto i più giovani, in un'ottica di stimolo ad apprendere le nozioni storico-archeologiche per poter successivamente testare le loro conoscenze acquisite in un ambiente divertente ed a loro familiare. Per aumentare l'interazione sarà necessario progettare uno storytelling storicamente verosimile che possa accompagnare il gioco. L'idea iniziale è quella di sfruttare il personaggio Scotto di Boncompagno. Si tratta di un notaio effettivamente vissuto a Poggio Bonizio nel corso del XIII secolo e attestato in due documenti del 1226 e del 1252. Nel primo testo il notaio è testimone di un giuramento dei Consiglieri di Poggibonsi, i quali promettono alleanza al Comune di Siena, mentre nel secondo testo figura come confinante della casa di tale Simone Guicciardi, che è morto e di cui si sta inventariando i beni (Francovich *et al.* 2004: 249-250). Lo scavo ha permesso di individuare, all'interno di una casa che si affacciava lungo la via Francigena, un sigillo in bronzo a scudo triangolare con una legenda ad intaglio con scritto + S(igillum) (punto triangolare) SCOTII BONCOMPAGNI. L'attestazione del personaggio sia dalle fonti scritte sia da quelle archeologiche insieme alla sua professione, che lo rendevano un personaggio di alto livello all'interno della società di Poggio Bonizio di XIII secolo, sono fattori interessanti per costruire uno storytelling storicamente attendibile e che possa interessare il pubblico.

Conclusioni

Nel momento in cui scrivo il presente contributo, il progetto di Ricerca non è concluso e saranno necessari altri mesi di lavoro; il divieto di effettuare gite scolastiche, che ha di fatto escluso circa 12 mila studenti dall'archeodromo in due primavere, non ha permesso di prendere confidenza con quella che doveva essere la clientela privilegiata. È stato necessario quindi rimodulare il processo di lavoro, di sperimentazione e di test dell'applicazione; in un primo momento era stato pensato di proporre al pubblico scolastico durante la primavera del 2021 una versione "alpha" del virtual tour e di integrarlo e rimodularlo poi durante il secondo anno in base alle loro richieste, critiche e osservazioni.

Questa fase di test, data l'impossibilità nei primi mesi del 2021, verrà svolta nel corso del 2022, quasi alla conclusione del lavoro.

Da un punto di vista tecnico, l'obiettivo è quello di realizzare un grande tour virtuale della collina diacronico, utilizzando le fotografie sferiche dell'archeodromo per le fasi di IX secolo e le ricostruzioni in grafica tridimensionale per quanto riguarda invece il periodo di Poggio Bonizio.

Bibliografia

Basso Peressut, L. 2005. Il Museo Moderno. Architettura e museografia da Perret a Kahn, Milano: Lybra Immagine

Benjamin, J., J. McCarthy, C. Wiseman, S. Bevin, J. Kowlessar, P.M. Astrup, J. Naumann, and J. Hacker 2012. Integrating Aerial and Underwater Data for Archaeology. Digital Maritime Landscapes in 3D, in J. McCarthy, J. Benjamin, T. Winton, W. van Duivenvoorde (eds), *3D Recording and Interpretation for Maritime Archaeology*: 211-231, Cham: Springer.

Bertoldi, S. 2018. L'uso della fotogrammetria tridimensionale per il rilievo del castello di Miranduolo, in F. Sogliani, B. Gargiulo, E. Annunziata, V. Vitale (eds), *VIII Congresso Nazionale di Archeologia Medievale*: 61-64, Firenze: All'Insegna del Giglio.

Bertoldi, S. 2021. C.A.P.I. Project in the Making: 3D Applications at Poggio Imperiale Between Materiality and Virtual Reality (Poggibonsi, IT). *Open Archaeology*, 7/1: 1444-1457.

Bondi, D. 2019. Come volontà e rappresentazione. Appunti etico-antropologici sulla realtà virtuale, in C. Caltagirone (ed.), *L'umano e le sfide della tecnica*: 119-126, Brescia: Editrice Morcelliana.

Cantini, F. 2003. *Il castello di Montarrenti. Lo scavo archeologico 1982-1987. Per la storia della formazione del villaggio medievale in Toscana (secc. VII-XV)*, Firenze: All'Insegna del Giglio.

Causarano, M. A. 2008. Le chiese di Poggiobonizio tra XII e XIII secolo, in S. Campana, C. Felici, R. Francovich, F. Gabbrielli (eds), *Chiese ed insediamenti nei secoli di formazione dei paesaggi medievali della Toscana (V-X secolo)*: 273-296, Firenze: All'Insegna del Giglio.

Chown, M. 2018. *L'ascesa della gravità. Da Newton ad Einstein fino alle onde gravitazionali* (traduzione italiana D. Calonico), Milano: Hoepli.

Demetrescu. E. 2015. Archaeological stratigraphy as a formal language for virtual reconstruction. Theory and practice. *Journal of Archaeological Science*, 57: 42-55.

Fiorni, A. 2013. Nuove possibilità della fotogrammetria. La documentazione archeologica del nuraghe di Tanca Manna (Nuoro), in A. Curci and A. Fiorini (eds), *Documentare l'Archeologia 3.0. Atti del Workshop Bologna, 23 aprile 2013. Archeologia e Calcolatori*: 341-354, Firenze, All'Insegna del Giglio.

Fisher, S. S. 1991. Virtual Environments: Personal Simulations & Telepresence, in S. K. Helsel and J. P. Roth (eds), *Virtual reality: Theory, Practice and Promise*: 101-108, New York: Mecklermedia Corporation.

Forte, M. 2014. 3D Archaeology: New Perspectives and Challenges - The Example of Çatalhöyük. *Journal of Eastern Mediterranean Archaeology & Heritage Studies*, 2.1: 1-29.

Francovich, R. and Milanese, M. 1988 (eds). *Lo scavo archeologico di Montarrenti e i problemi dell'incastellamento medievale. Esperienze a confronto. Atti del colloquio Internazionale (Siena 1988)*, Firenze: All'Insegna del Giglio.

Francovich, R., C. Tronti, M. Valenti, 2004. Il caso di Poggio Bonizio (Poggibonsi, Siena): da castello di fondazione signorile a 'quasi città, in D. Friedman and P. Pirillo (eds), *Le Terre Nuove, Atti del Seminario internazionale (Firenze – San Giovanni Valdarno, 28-30 Gennaio 1999)*: 201-256, Firenze: Olschki Editore.

Francovich, R. and M. Valenti, 2007 (eds). *Poggio Imperiale a Poggibonsi. Il territorio, lo scavo, il parco*, Milano: Silvana Editore.

Gallarini, S. 1994. *La Realtà Virtuale*, Milano: Xenia.

Heilig, M. L. 2002. The Cinema of the Future, in K. Jordan and R. Packer (eds), *Multimedia: From Wagner to virtual reality*: 239-251, New York: Norton.

Menghini, C., C. Palmas, A. Nardini, S. Bertoldi 2021, Sistema di valutazione dei manufatti per un'interpretazione socio economica del sito di Miranduolo fra VIII e inizi X secolo. *FACTA - A journal of late roman, medieval and post-medieval culture studies*, 14/2020: 119-149.

Mozas-Cavalche, A. T., J. L. Pérez-García, F.J. Cardenal-Escarcena, E. Mata-Castro, J. Delgado-García 2012. *Journal of Archaeological Science*, 39: 521-530.

Valenti, M. 1996 (ed.). *Poggio Imperiale a Poggibonsi: dal villaggio di capanne al castello di pietra. I. Diagnostica archeologica e campagne di scavo 1991-1994*, Firenze: All'Insegna del Giglio.

Valenti, M. 2004. *L'insediamento altomedievale delle campagne toscane. Paesaggi, popolamento e villaggi tra VI e X secolo*, Firenze: All'Insegna del Giglio.

Valenti, M. 2008 (ed.). *Miranduolo in alta Val di Merse (Chiusdino – SI). Archeologia su un sito di potere del Medioevo toscano*, Firenze: All'Insegna del Giglio.

Valenti, M. 2013. Miranduolo (Chiusdino – SI). Campagna di scavo 2013: nuovi dati sul villaggio di VIII secolo d.C. *FastiOnLine documents & Research*: 1-17.

Valenti, M. 2016. "We invest in public archaeology". The Poggibonsi Archeodrome project: an alliance between people, Municipality and University. *Post Classical Archaeologies*, VI: 417-430.

Valenti, M. 2019. *L'archeodromo di Poggibonsi. Un viaggio nell'altomedioevo*, Bari: Edipuglia.

Valenti, M., M.A. Causarano 2011. La fondazione di Poggiobonizio sulla via Francigena: evidenze materiali e struttura urbanistica, in *Le Vie della Cultura. Il ruolo delle Province europee nella valorizzazione dei percorsi storici di pellegrinaggio, Atti del Convegno Internazionale (Siena, 26-27 marzo 2009)*,: 81-87, Firenze: All'Insegna del Giglio.

Valenti, M., D. Savegnago 2020, Poggio Imperiale a Poggibonsi (SI). Campagne di scavo 2017-2018. *Bollettino di Archeologia On Line*, X: 189-204

Zoni, F. 2020. Il rilievo nel cantiere archeologico, dai metodi tradizionali ai più recenti sviluppi. In G. Castiglia, Ph. Pergola (Eds), *Instrumentum Domesticum. Archeologia cristiana, temi, metodologie e cultura materiale della tarda antichità e dell'alto medioevo*,: 699-728, Città del Vaticano: Pontificio Istituto di Archeologia Cristiana.

Figura 1: L'archeodromo di Poggibonsi

Figura 2: La fondazione di Poggio Bonizio (InkLink)

Figura 3: Il cantiere della chiesa di Sant'Agnese (InkLink)

Figura 4: Poggio Bonizio nel XIII secolo (InkLink)

Figura 5: Foto a 360° dell'archeodromo di Poggibonsi

Figura 6: Ambiente di lavoro Blender con rilievo fotogrammetrico

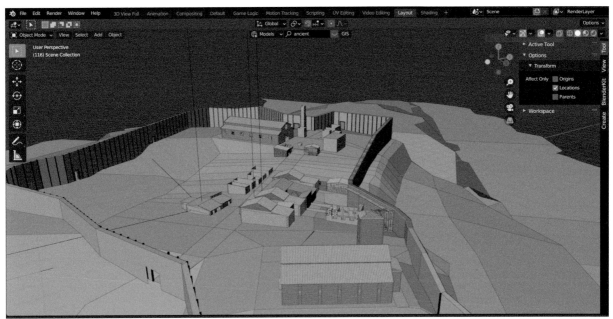

Figura 7: Ambiente di lavoro Blender: ricostruzione delle strutture

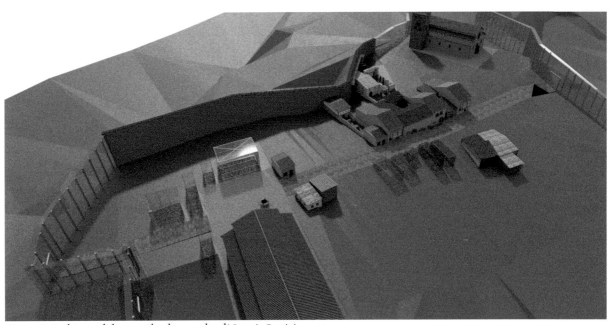

Figura 8: Ambiente di lavoro Blender: render di Poggio Bonizio

Figura 9: Ambiente di lavoro Blender: ricostruzione degli interni

Figura 10: Virtual tour di Poggio Bonizio: in primo piano la chiesa di Sant'Agostino

Designing video games for history classrooms

Juan Hiriart*

*University of Salford

Abstract: Digital historical games made their entry into school classrooms at an early stage in adopting educational technologies, with the 'Oregon Trail' as one of the most iconic and successful examples of historical games being used in educational settings. The experiences that followed led to an increasing interest from scholars and educators in using games for historical education, with several authors studying commercial games in history classrooms (Taylor 2003; Squire and Barab 2004; Corbeil and Laveault 2008; McCall 2011; McCall 2016). While using games available on the market seem like the most straightforward way to create historical game-based learning environments, their focus on entertainment and commercial intent have also raised concerns. Analysing primarily commercial games, some authors have presented arguments to consider the medium as inherently unhistorical (Galloway 2006) or of limited educational value for depicting too narrowly defined and biased versions of the past (Fogu 2009; Schut 2007). In our view, the experimental development of historical game-based learning environments offers significant advantages to understand the new medium's affordances for historical education. This paper will briefly describe examples of video games specifically designed to be used in history classrooms, followed by the presentation of the game 'Saxon'. The design process of this game will be described in detail, focusing on the conceptual development and design heuristics used to translate historical and archaeological ideas into game form.

Keywords: serious games, historical game-based learning, game design, archaeogaming

Introduction

History is very much present in children's lives through a myriad of cultural products varying from TV shows, historical fiction books, films and video games. The latter undoubtedly has become one of the most popular engagements with the past for new generations of digital natives. Through the agency of the mouse and keyboard or a gamepad controller, school children can embody the identity of historical figures, walk through detailed reconstructions of ancient cities, control entire civilisations or play a decisive role in historical battles. All these engagements, as several scholars have noted, extend beyond pure entertainment; the cognitive and affective processes triggered by video games can be productively used in history classrooms.

In this chapter, we will start by reviewing examples of digital games designed specifically for history classrooms, followed by the presentation of the novel experience of designing an experimental game to teach primary school children about the Anglo-Saxon age. This game was created in iterative cycles of design, development and testing with the participation of historians, archaeologists and history educators. We will give an overview of its design process focusing on the conceptual ideas and frameworks that guided its design.

Videogames for teaching history

Digital game technology was used in school classrooms at a very early stage in the adoption of educational technology. In 1971, Bill Heinemann, and Paul Dillenberger, at that time student teachers from Carlton College in Northfield, Minnesota, produced a computer programme called 'The Oregon Trail' which allowed students to virtually simulate and take part in the 19th century wheeled wagon journey to the West connecting the Missouri River to the valleys of Oregon. The application, which became the first-ever educational digital game produced for a school classroom, originally run in a computer terminal, with students painstakingly typing their decisions - when it was more convenient to start the journey, what supplies to buy, what path to follow and so on - and sending them via phone line to a large mainframe computer. After a patient waiting, an answer would eventually arrive, describing the often-dire consequences of the students' choices (i.e. 'You have died of dysentery').

Despite the time and effort spent in interacting this fashion, the game was an immediate success; it was perceived by students as amazingly fun and engaging, prompting them to work collaboratively to overcome the never-ending stream of the challenges and hazards presented by the trip (Lussenhop 2011). Following its success, the game was acquired by the Minnesota Educational Computing Consortium (MECC), which generous license permitted schools to make an unlimited number of copies, contributing to making the game hugely popular. Over the following years, more than 65 million copies would be sold, making the game the most used educational video game of all time (Pepple 2016).

From this promising first experience, game technology evolved rapidly in the following decades, pushing the boundaries of what was possible to achieve on the screen. During the '80s and '90s, computers became a common item in people's homes, and games evolved from pure-text to immersive, realistic 3D worlds, each new title redefining the limits of realism and immersiveness on computer screens. Despite the technology for crafting these types of games depended on large teams and huge budget costs, some commercial titles saw the benefit of putting their technology in the hands of players, giving them the chance to 'mod' their games, creating new experiences from the original game titles. Mods could be small, like small bug fixes or changes to the game artwork to 'total conversions', where entirely new experiences could be crafted by fans (Finch 2011; Champion 2012). Similarly, mods allowed small academic research teams to create games with a comparable quality of commercial titles without the huge production resources typically involved in their production.

A game mod of interest in this brief revision was 'Revolution', produced by a team of developers and researchers at the Massachusetts Institute of Technology (MIT) and The University of Wisconsin Madison. Developed as a total conversion of the popular commercial game 'Neverwinter Nights' (Bioware 2002), this game was based on the 1775 events that led to a violent revolt of the colonial town of Williamsburg. The social, economic, and political factors that led to the rebellion could be explored from the perspective of one of seven available characters ranging from an upper-class lawyer to an African American house slave. Designed to be played in the 45 minutes duration of a typical classroom session, the team of developers took advantage of the powerful game engine and editor developed by Bioware to create a populated three-dimensional world where players could immerse themselves in 'a living, functioning simulation of colonial America' (Jenkins 2007, para. 4). One of the main goals of this development was to 'get away from the drill-and-test model of public education and to challenge the master narrative of history' by focusing on 'the choices historical agents made and the conditions under which they made them' (Jenkins 2007, para. 5).

In the same way as 'The Oregon Train', this game presented students with complex dilemmas and choices, prompting them to gain a multi-perspectival view of historical events. As Jenkins *et al.* (2003:9) explain,

> [...] the game offers kids the chance not simply to visit a 'living history' museum-like Williamsburg but to personally experience the choices that confronted historical figures. Combining the perspectives of social, military, and political history, Revolution helps students to appreciate the interplay between personal and local concerns (making a living, marrying off your children, preparing for a party) and the kinds of national and very public concerns that are the focus of American history classes (the stamp tax, the Boston tea party, the shots fired at Lexington, the winter at Valley Forge).

While games like Revolution offered students gaming experiences similar to that of commercial game titles, their reliance on decent graphics cards and processing units restricted their use to schools with the resources to afford these technologies. In this sense, the appearance of browser-based interactive technologies such as Flash in the early 2000's made historical gaming experiences more accessible to schools, in some cases with no costs involved. An example of the latter was 'Mission US', a series of educational games published by the Corporation for Public Broadcasting (PBS) with funding from the National Endowment for the Humanities. Covering different periods from the United States history, from the 1770 Boston Massacre to the Great Depression, all the games could be played for free on the project's website (https://www.mission-us.org/). On each one of them, the player could take the role of a fictional character who had to make complex decisions in order to achieve goals. In this way, the gaming experience fostered the players' critical understanding of historical contexts and events while also developing their empathic understanding of the particular situations and problems that people had to face.

The last game in this revision is 'Attentat 1942' (Charles Games 2017), developed by Charles University and the Czech Academy of Sciences. Based on real experiences of survivors from the Nazi occupation of Czechoslovakia, the game focuses on the events that followed the assassination by Czechoslovak paratroopers of Reinhard Heydrich—a primary agent driving the Holocaust—which resulted in brutal mass executions and deportations to concentration camps. These events were thoroughly researched by a team of professional historians and were conveyed in game-form by a combination of gameplay mechanics including dialogues, interactive comics, mini-games, digitised film footage and cinematic-style interviews. All these elements were combined to create a rich historical setting, where players gradually unveiled the historical contexts and intricate stories that followed the assassination.

The Anglo-Saxon game project

Although the games briefly reviewed in the previous section provide a good overview of their application as historical learning tools, their study from the perspective of a user will always present some limitations. What challenges their creators had to face? What conceptual ideas or underlying ideologies led their design? As Mateas and Stern (2005) explain, 'if game studies are limited to analysing existing games and design spaces, it can be problematic to imagine or theorise about potential game features outside of these design spaces'. In these cases, an alternative and perhaps advantageous method of study consists of building experimental games for researching a particular design space, or, as Mateas and Stern put it, 'build it to understand them'.

The game we decided to build for this investigation was 'Saxon', a computer game designed to teach primary school children from Key stage 2 (8 - 11 years old) about the early medieval period of British history. This period, part of the history curriculum of Primary Schools in England and Wales, was a time of radical change in Britain, where the arriving and settlement of Germanic tribes -Angles, Saxons and Jutes- after the departure of the Romans around AD 410 led to swift changes in the genetic and cultural make-up of the country, developing an identity that lasts to this day.

One of the aspects we were more interested in conveying through this game was everyday life. According to historical and archaeological interpretations, many aspects of making a living in the Anglo-Saxon age were conditioned by finding the means of surviving in the harsh and challenging environment of post-Roman Britain. The finding and producing of food and drink would not just take a significant part of the day, but also determined everyday social interactions. Central to this process was the intimate understanding of the environment. As Crawford (2009: 93) explains:

> A detailed knowledge of the resources of the landscape, and an understanding of how to exploit these resources, was crucial to the survival of the early Anglo-Saxons [...] Integral to that process was the knowledge of how the landscape worked – where the best soils were, where the water could be found (and whether the source of water was reliable), what the best crops to grow were, where the land would not support farming and where the best hunting was.

In this light, the game core gameplay appeared naturally aligned with the survival genre, a form of play credited to the Finnish game developer Sami Maaranem, who in the early 90s, set the foundations of the genre with his groundbreaking game 'Unreal World' (Maaranem 1992). In a nutshell, the survival genre puts the player in a challenging environment where the goal is to survive for as long as possible. The player's subsistence depends to a large extent on the decisions taken and the intimate knowledge of the environment, resource management and the understanding of the technologies at hand.

Simulating the passing of time

Following the definition of the core gameplay, the next design phase concerned the design of game mechanics that would most adequately bring a sense of Anglo-Saxon everyday life. In this regard, one of the key elements to solve was the representation of time. The importance of this dimension as a primary category in historical thought is well-recognised. Kubler (1962, in Ingold 2000: 194), for example, states

> [w]ithout change there is no history; without regularity there is no time. Time and history are related as rule and variation: time is the regular setting for the vagaries of history.

Time is a complex dimension in video games, but its understanding is crucial to provide players with a sense of life in the past. The first distinction we must make is the difference between real-time and game-time (Wolf 2001). In the same way that films are capable of condensing events stretching for many years in presentations of just a few minutes (through cinematic conventions such as feature ellipsis and compress time), games can also take advantage of these devices for expressive purposes. However, as participatory media, games give players the agency to affect the occurrence of events, providing them with a degree of control over the game's duration. Game time, therefore, is not an absolute dimension but a subjective experience affected by the player's choices and performance.

For this conceptualisation, we can refer to the works of Henri Lefevbre (1971). This author's concern with the temporal dimension of human experience came later in his life and represented a shift from his previous writings, mostly centred on the notion of space. Only after his death, his wonderings about time came to public light, compiled and published by his colleague and close friend Rene Lourau. This body of work, organised under the umbrella term of 'rhythmanalysis', represents a singular effort in the comprehension of time in the functioning of society. Central to this analysis is the realisation that rhythms, cycles, and repetitions form an integral part of every aspect of human experience. As Lefevbre writes:

> [...] everyday life is made of recurrences: gestures of labour and leisure, mechanical movements both human and properly mechanic, hours, days, weeks, months, years, linear and cyclical repetitions... (Lefebvre 1971: 18).

Rhythms are found in every aspect of the human world; they are present in the natural cycles of the environment and in the biological individual, affecting the functioning of society and, in return, are imposed by social structures, regulating, and controlling individuals' lives. For the purpose of bringing a historically grounded representation of time within the game, a system programmed to modulate its cycles was implemented. This system was constructed in reference to Bede's 'The Reckoning of Time', one of the few available sources describing how Anglo-Saxons structured their activities throughout the year. Focusing on Christian festivals and ceremonies, Bede's calendar provides an important source of information about the distribution of agricultural tasks and occupations throughout the year. Following conventions found in most games, this system was not designed to operate symmetrically with real-time but to condense the day in the duration of just a few minutes. As the game was designed to be used in the tight constraints of a primary school session, the duration of one day was provisionally defined in five seconds, a measure that would grant playing a full game-time year in about thirty minutes of real-time gameplay.

Following these design directions, the game implemented four different time scales: the level of perceivable movement (measured in fractions of seconds or seconds), biological and social needs (minutes), everyday tasks (minutes, hours or days) and cycles of rituals and celebrations (weeks, months and years). Each of these cycles was made explicit to the player by subtle of more noticeable changes in the game interface.

Crafting a medieval game world

Historical game environments can be presented abstractly or be meticulously built to realistically resemble historical landscapes. Regardless of their level of abstraction, synthetic environments are not constructed only to be seen but to be lived, to be explored and inhabited in ways that are unique to this medium. Within game-worlds, the past becomes alive through computer code. This makes digital games an advantageous medium for the exploration of components, systems and formal relationships.

For this game, it was considered important to create a game world able to describe, with a good degree of historical accuracy, the environment in which early Anglo-Saxons lived (Fig. 1). With this intention in mind, an abstract, high-level representation of the world was implemented through a hexagonal map, where each one of the constitutive hexes acted as a discrete virtual unit of the landscape. Each hex was programmed to track and react to the changes in the environment (i.e. weather, change of seasons) by the variation of its internal variables (i.e. humidity, erosion, etc.). In this sense, the game's abstract layer implemented techniques from agent-based models (ABM), a computational method to simulate complex dynamics using agents programmed with decentralised behaviours. According to Graham (2004: 125), these types of simulations can be considered 'already games'; by removing the active agency of an interactor affecting what happens on the screen, ABM simulations are 'just a species of video game that plays itself'.

In a second layer, this abstract hexagonal map was mirrored by a second, low-level immersive and navigable interface, where the landscape was modelled through three-dimensional geometry and texture maps. This immersive level was linked to the abstract high-level representation of the world, so the environmental changes programmed in the abstract representation were made explicit in the appearance of the immersive interface (Fig. 2). In this way, the different types of terrain or the subtle changes affecting parts of the soil were visible to the player, open to his or her interpretation of what was going on in the world.

Finally, the immersive interface of the Anglo-Saxon world could not be complete without the inclusion of all the things, natural or artificially produced, that give a recognisable identity to a historical landscape. For this, a range of relevant objects -buildings, tools, vegetation and natural features- were produced through a set of game production pipelines. As all these objects varied greatly, both in terms of their appearance and behavioral characteristics, a common programming interface was developed to ensure that the player could interact with them in a similar fashion.

This common interface made the world 'interactable', allowing players to select specific actions depending on the objects' affordances (Fig. 3). A conceptual model for turning these simple interactions into metaphors of human inhabitation, however, was still needed. For this, Timothy Ingold (2000: 77) provided an indeed useful perspective:

> According to the received categories of archaeological and anthropological thought, there are basically just two ways of procuring a livelihood from the natural environment, conventionally denoted by the terms collection and production.

While the collection of resources from the environment seemed relatively straightforward to implement in the game, the production of resources required further thought. As Ingold explains, the process of production, or "growing things", should not be misunderstood as making, where humans are set to transform nature instead of just following its ways. Conceptualising the relationship between early Anglo-Saxons and the environment under these terms, I decided to work on the game mechanics that would convey the meanings of collecting, producing and making. For this, the system relied on the abstract representation of every game object -a set of variables and functions defining its characteristics and affordances, and its visual and interactive representation on the game world, where players could interact with them through the game user interface. This way, objects could be collected, transformed and used by players as they saw fit.

Developing historical characters and social interactions

As in most immersive games, the player interaction within the virtual world is mediated by an avatar, which becomes his or her surrogate in the navigable interface. For this game, an avatar representing an Anglo-Saxon free peasant (ceorl) was produced (Fig. 4). The development of this character involved industry-standard stages of production, beginning with the graphical descriptions of the character's appearance, moving to the development of three-dimensional geometry, texture maps, animations and scripts enabling the player to control it. Additional systems, accessible through the graphic user interface of the game (GUI), were developed to inform the player about the character's physiology, simplified as quantitative measures of hunger, thirst, health, cold and fatigue.

Archaeological interpretations of early Anglo-Saxon settlements regard them as primarily composed of small family units (Crawford 2011). To bring an adequate representation of this social layer, two more characters related to the player's avatar by family bond were added to the game: a small son named Wilburg and a teenage daughter named Eadgyð. These two characters were programmed to help with everyday tasks, such as fetching water, cooking, etc., but they had to be looked after by the player, who had to provide them with the basic means of subsistence. This new layer of interaction brought new challenges and dilemmas. While the need of providing for the family members developed in some players a sense of care and parenting responsibility, by the same token lowered their chances of survival in times of scarcity.

Ultimately, the family member system portrayed a model of parenting closer to our modern sentiment of a family, which may not be accurate with the idea of parenting in the Anglo-Saxon age. Barbara Greenleaf (1979: xiii), in this regard, notes:

> [...] until very recently people considered childhood just a brief, unimportant prelude to adulthood and the real business of living. By and large they either ignored children, beat them, or fondled them carelessly... When they gave serious thought to children at all, people either conceived of them as miniature adults, or as peculiar unformed animals.

This view, however followed by some Anglo-Saxon historians, is contradicted by historical and archaeological evidence supporting the argument that Anglo-Saxons saw their children as psychologically different from adults and considered that they deserved to be treated kindly, gently and lovingly (Crawford 2009). Many children's rights were recognised and protected by specific codes of law, and there is also evidence that parents loved their children and cared for their physical and spiritual well-being (Crawford 2011). Despite the standing controversies, there is no doubt that many aspects of childhood were very different in the Anglo-Saxon age compared with most modern societies. Infanticide was common despite being condemned by the Church and had to be prohibited by law. Illegitimate children had few legal rights, and children born with handicaps were treated badly as they were regarded as punished by God for the sins of their parents. Also, there were many ways in which a child could end up as a slave, a condition in which they lacked any special protection. Situations of this sort were included to the game's narrative events with the pedagogical intent of triggering teachable moments in the classroom.

Later on, a third character, Bryn, the Romano-British slave, was added to the game. The purpose of implementing this new character was to introduce a context for the exploration of the cultural clashes between the arriving Anglo-Saxons and the original Romano-British population. Although it is not completely clear how this process took place, it undoubtedly resulted in striking changes in the environment, material culture, language, and DNA composition of the British population. Influenced by the readings of the historical records from Gildas and Bede, this process was initially depicted as violent and abrupt; however, this theory has been called into question by more recent historical and archaeological interpretations. In the same way, as with the family members, these cultural clashes were explored by players within the game and followed up by open discussions in the classroom.

Bibliography

Bioware (Developer). 2002. Neverwinter Nights [Videogame]. Canada: Edmonton.

Champion, E. 2012. *Game Mods: Design, Theory and Criticism*. ETC Press.

Charles Games (Developer). 2017. Attentat 1942 [Videogame]. Czech Republic: Prague.

Corbeil, P. and Laveault, D. 2008. Validity of a Simulation Game as a Method for History Teaching, *Simulation & Gaming*, 42(4): 462–475. doi: 10.1177/1046878108325451.

Crawford, S. 2009. *Daily Life in Anglo-Saxon England*. Oxford/Wesport, Connecticut: Greenwood World Publishing.

Crawford, S. 2011. *Anglo-Saxon England*. Oxford: Shire Publications Ltd.

Finch, G. 2011, The Top 10 Game Mods Of All Time, viewed 3 October 2021, <http://www.thecreatorsproject.com/blog/the-top-10-game-mods-of-all-time>

Fogu, C. 2009. Digitalising Historical Consciousness. *History and Theory*, 47: 103–121.

Galloway, A.R. 2006. *Gaming: Essays on algorithmic culture*, Minneapolis, United States: University of Minnesota Press.

Graham, S. 2004. On Games that Play Themselves: Agent based models, archaeogaming, and the useful deaths of digital Romans, in Mol, A. ,Ariese-Vandemeulebroucke, C., Boom, K. and Politopoulos, A. (eds), *The Interactive Past: Archaeology, Heritage and Video Games*. Sidestone Press.

Ingold, T. 2000. *The Perception of the Environment*, London Routledge. London and New York: Routledge.

Jenkins, H., Klopfer, E., Squire, K., and Tan, P. 2003. Entering the Education Arcade. *Computers in Entertainment*, 1(1): 1-11.

Jenkins, H. 2007. From Serious Games to Serious Gaming (Part One): Revolution. [Weblog], viewed 3 October 2021, <http://henryjenkins.org/blog/2007/11/from_serious_games_to_serious_1.html>

Kubler, G. 1962. *The shape of time: remarks on the history of things*. New Haven, Conn: Yale University Press.

Lefebvre, H. 1971. *Everyday Life In the Modern World*. New York: Harper and Row.

Lussenhop, J. 2011. Oregon Trail: How three Minnesotans forged its path. Citypages, viewed 3 October 2021, <http://www.citypages.com/news/oregon-trail-how-three-minnesotans-forged-its-path-6745749>

Maaranen, S. 1992. Unreal World [Game]. Enormous Elk. Finland.

Mateas, M. and Stern, A. 2005. Build it to understand it: Ludology meets narratology in game design space, in *Proceedings of DiGRA 2005 Conference: Changing Views – Worlds in Play*. Vancouver, Canada.

McCall, J. 2011. *Gaming the Past. Using Video Games to Teach Secondary History*. New York, London: Routledge.

McCall, J. 2016. Teaching History With Digital Historical Games. *Simulation & Gaming*, 47(4): 517–542.

Pepple, S. 2016. Why Did All Children of a Certain Age Play Oregon Trail?. Medium, viewed 3 October 2021, <https://medium.com/s/story/why-did-all-children-of-a-certain-age-play-oregon-trail-6a53e27e83d8>

Schut, K. 2007. Strategic Simulations and Our Past: The Bias of Computer Games in the Presentation of History. *Games and Culture*, 2(3): 213–235.

Squire, K. and Barab, S. 2004. Replaying history: learning world history through playing Civilization III. PhD dissertation, Indiana University.

Taylor, T. 2003. Historical simulations and the future of the historical narrative. *Journal of the Association for History and Computing* 6(2).

Wolf, M. 2001. Genre and the Videogame, in Wolf, M. (ed.), *The Medium of the Video Game*: 113-134. Austin: University of Texas Press.

Figure 1: In-game view of the Anglo-Saxon settlement

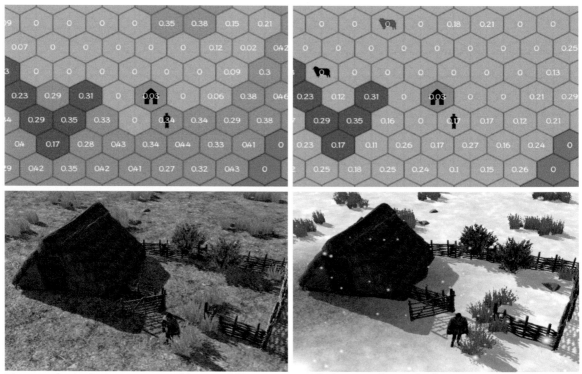

Figure 2: The Anglo-Saxon game world at two different seasons. The hexagonal maps (top) project environmentalchanges in the immersive terrain (bottom)

Figure 3: Interaction with game objects through a GUI interface

Figure 4: Concept art of the player's avatar

Archeologia, interazione, gioco: come il digitale ha mutato la disciplina. L'osservatorio di Archeovirtual

Archaeology, interaction, game: how digital approach changed research. The Archeovirtual point of view

Augusto Palombini*

*CNR-ISPC (Consiglio Nazionale delle Ricerche – Istituto per le Scienze del Patrimonio Culturale) (Italian National Research Council – Institute of Heritage Science)

Abstract: The paper faces the topics related to the contributions of virtual reality and digital reconstructions to the archaeological research. Among them, one of the most relevant is the shift towards a diachronic prespective and the spread of a storytelling approach. As a matter of fact, the need of representation (introduced by Virtual Reality) means need of filling the holes in our knowledge, representing any aspect of the landscapes. Consequently, it makes easier the transition from a purely synchronic approach to a diacronic dimension, giving archaeology a new perspective. Such a transition, which gave rise to the modern games archaeology-related, is also described taking into account the projects presented since 2010 onwards in the frame of Archeovirtual: the annual virtual archaeology exhibition held in Paestum, at the Mediterranean Exchange of Archaological Tourism.

Keywords: Virtual archaeology, videogames, Archeovirtual, storytelling, Virtual reality

The contribute of virtual archaeology

Did virtual archaeology change archaeology in its whole dimension? And, if so, how? I think it did in at least three directions which may be synthesized in the words: representation, interactivity, narration/diachrony.

The first refers to the need of representation, implicit in virtual reality. When archaeological descriptions were limited to texts, and drawings were optional, different hypothesys could be shown without choosing a preferred one: if representation is not mandatory (and it isn't, in a purely textual job), different interpretations may survive at the same level, without a preferred one overcoming the others. Of course, scientific papers could have some kind of representations, such as drawings, but on the one hand they were not strictly necessary, on the other, the author could choose specific subjects/points of view to be shown, particularly "easy" to represent (as, for instance, the best preserved ones), in order to limit as far as possible the interpretative factor. On the contrary, the introduction of Virtual Reality forced the scholars to give an appearence to any element of the archaeological context in discussion, preventing from a generic show of all the possible realities.

Need of representation means need of choice and assumption of responsibility on which interpretation is preferred. Such a a need forces the scholars to represent also what is uncertain, and, in this way, makes archaeology closer to the scientific method in terms of hypothesis check: the future discoveries will maybe contradict the exposed reconstruction and make it wrong, but it is part of the game, and it is the way science goes onward.

The second relevant element introduced is interactivity.

Interactivity is considered as the main feature of the shift of storytelling into the digital era (Handler and Miller 1990), and implies – besides the man-machine interoperability – new chances for different scholars to collaborate on the same scenarios in discussing interpretations.

Moreover, there is a kind of interaction related to the relationship between the user and the archaeological hypothesis: the user is no more a simple reader, following the path drawn by the author, he can walk around, look from different points of view, make himself more or less convinced by the proposed reconstruction, but – above all – feeling the immersion in the archaeological landscape, he/she can imagine stories inside it. An archaeological site, then, cannot longer be read as a simple interpretative model: it is necessarily looked as a background of human lives. The shift towards storytelling, in this sense, becomes a necessary evolution, implicit in the deep nature of the past landscape, once its look turns back to life.

The third element, diachrony, is a further consequence, although a more complex concept. Archaeology, because of the fragmentary condition of the findings, since its origins tended to the reconstruction of "synchronic" pictures of the past, instead of attempting a diachronic approach (in this sentence i refer to the analysis of single archeological contexts. Of course, diachrony has ever had a role in the broad theoretical frame of tranformation processes: e.g. Polany 1957; Renfrew 1973; Ammenrman and Cavalli Sforza 1984). Thanks to virtual reconstruction, which forces to fill holes in our knowledge, representing any aspect of landscapes, a diachronic perspective become more usual: once the scene background is completed, it is possible to think at the people living in it, in fact, together with the spread of virtual archaeology, the use of the term "storytelling" started to grow.

Such an evolution makes a question arise: if a virtual approach forces to represent the whole reality, even in its uncertain or unknown aspects, where is it reasonable to put the boundary between document and reconstruction, between real findings and creativity, in order to fill the gaps?

From a purely interpretative point of view this is a dummy problem, as the topic has already been faced by the restoration theory (Brandi 1963), defining a protocol useful to distinguish original (known) elements from artificial (hypothetical) ones, characterizing the latter with a clearly artificial appearance. In virtual representations it is even easier to show the different levels of reliability of single reconstructed elements: using different color layers (Viscogliosi *et al.* 2006, Forte 2007), possibly related just to restoration theory (Borra 2009); or through labels and tags linked to references, as a sort of virtual bibliography (Pietroni *et al.* 2015); or in many different ways, such as explaining the uncertainty of reconstruction in the storytelling structure of the application (Pietroni *et al.* 2011).

Nevertheless, from a narrative point of view, the question on how far pushing the creativity is meaningful, and it is a tricky question, which I faced more deeply elsewhere (Palombini 2017). It may be of interest, here, referring to Eco's classfication of narratives (Eco 1980) in three categories:

The first, where the Past is a simple background, to make immagination create any kind of plot. In such a situation there are no needs of historical precision.

In the second category, real historical facts are told beside fictional ones. the Past must be recognizable, thus having real places, events and characters making documented actions beside fantasy episodes.

In the third category, the Past must be recognizable and its features correctly set, but with no need of real (famous) personages. They are told stories of common people, and real facts work just as a far background. Here, common people behaviour tells us much more, on their time, than history books can do.

Thus, a possible answer to our question is in the chance of building "life stories" of common people, where the fictional feature is unavoidable, but the historical truth represents the necessary frame to make the result valid and reliable.

Individual stories are exactly the border between scientific potential of reconstructing the historical reality and the support of fantasy to arrive where documentation can't: to tell what history books will never be able to tell with the same clarity.

In such a perspective, it would be expected, together with the evolution of virtual reality in archaeology (in terms of hardware/software features, of graphic quality, of data managing, etc.), a proportional growth of the storytelling approach.

Archeovirtual

Archeovirtual is an annual exhibition of virtual archaeology applications, organized since 2021 by the Italian National Research Council (Institute of Heritage Science), in the frame of the Borsa Mediterranea del Turismo Archeologico at Paestum (Mediterranean Exchange of Archaeological Tourism).

Such an initiative started in 2006 thanks to the collaboration between the Borsa Mediterranea del Turismo Archeologico and the Institute of Technology Applied to Cultural Heritage, of the National Research Council of Italy (with the direction of Maurizio Forte). The Institute definitely took the coordination of the initiative in 2008. Archeovirtual has been directed, until 2017, by Sofia Pescarin and then by Augusto Palombini, up to our days.

The aim of the event has ever been to present a selection of the most interesting projects of virtual archaeology available worldwide, according to specific annual topics. In this sense it may be considered (taking into account the obvious limits of such a selection) as a sample of the production in this field and their change through time.

In the present context i tried to classify the projects presented in the time span between 2010 and 2019, according to a particular approach: after an earlier distinction of "videos" and "interactive applications", both of them have been distinguished in "illustrative" and "narrative" obtaining four categories. They have been excluded from the classification the projects which may be considered as substantially "art" installations (as each of them may be seen as un "unicum" not useful to be analyzed in statistical terms); and the ones generally considered as "game" (every applications implying a challenge and goals to reach), as they would be misleading in the current analysis (the exhibition tended to avoid videogames in the earlier editions, as they were mainly not created by – or with the partecipation of – scientific institutions. On the contrary, the 2017 exhibition was completely about videogames, that would have biased any comparison through time. Nevertheless, videogames are worth to be considered in the evolution of archaeological interactive applications. For completensess, there have been exposed: one game in 2010, 2013, 2014, 2018 editions, two in 2012 and 11 in 2017).

The border between "illustrative" and "narrative" videos and applications is certainly not sharp. Elements here considered are: the focus on description of objects and architectures VS the presence of human stories and the attention paid to evolution through time. Such distinction may also be read as a synchronic VS diachronic approach.

Fig.1a presents the relevance of different kinds of projects presented in the annual editions, in terms of number, as Fig.1b shows the same data in percent on the whole exhibition.

The last three edition are somehow abnormal: as mentioned, the 2017 exhibition was focussed on videogames (thus, presenting only videogames), while the 2019 one was limited to videos because of logistic constraints. Of course, such bias may affect the analysis, but it is still possible to sketch some general trends. In the "video" curve, there are not significant evidence, both for "illustrative" and "narrative" products, as, for interactive applications, the "narrative" ones show a quite evident growth in time.

Considerations

In the domain of videos, the narrative approach has ever been someway common, maybe thanks to example of historical fiction industry, and, in fact, there seems not to be significant trends both in "illustrative" nor in "narrative" videos at Archeovirtual during the ten years period.

On the contrary, interactive applications were initially conceived as a support to archaeological interpretation, thus representing monuments and objects as they were found or in the hypothetical reconstruction of their original shape, anyway following an "illustrative" (synchronic), descriptive, approach instead of trying the narrative way. Storytelling, in this sense, is a quite recent trend, and it seems confirmed by the graphic on "narrative" applications, which shows a sort of growth since the earliest editions up to our days (particularly evident in Fig.1b).

Such an observation may be strenghtened by the spread of interest towards videogames applied to history and archaeology, which had a significant shift in the last years (videogames may be somehow considered as a kind of "narrative" interactive applications).

Summing up, we can identify three elements as epistemological contributions of Virtual Archaeology to the archaeological whole discipline: *representation*, which implies the need of a choice about the object appearance and forces to prefer one hypothesis of among the many possible interpretations; *interactivity*, which turned a purely representation into an emotional experience thus giving life to (and imagining lives inside) the reconstructed archaeological space; and *diachrony*, which gave rise to a new kind of narrative approach to cultural heritage (which is significantly growing in the last years).

The shift towards the complexity of reconstructions, which allowed a narrative approach and a closer relationship between archaeology and videogame, beside representing an ideal meeting point of art and archaeological research, through the enhancement of little, anonymous, forgotten individual lives, may also be read as an improvement of archaeological work, as it is tied to the shift from a purely synchronic approach to a diachronic dimension.

Bibliography

Ammermann A. J. and L. L. Cavalli Sforza 1984. *The Neolithic transition and the genetics of population in Europe*. Princeton: Princeton University Press.

Borra D. 2009, L'anastilosi virtuale della Torre di Vendicari, in G. Susan G. (ed.), *La torre di Vendicari, un'architettura che nasce e si sviluppa dal mare*. Siracusa: Lombardi Editori.

Brandi C. 1963, *Teoria del restauro*, Torino: Einaudi.

Eco U. 1980, *Postille a "il Nome della Rosa"*, Milano: Bompiani.

Forte M. 2007 (eds), *La Villa di Livia. Un percorso di ricerca di Archeologia Virtuale*, Roma: L'Erma di Bretschneider.

Handler Miller C. 2004, *Digital storytelling*, Oxford: Focal Press.

Palombini A. 2017, Storytelling and telling history. Towards a grammar of narratives for Cultural Heritage dissemination in the Digital Era. *Journal of Cultural Heritage*, 24: 134-139.

Polany K. 1957, *Trade and Market in the Early Empires: Economies in History and Theory*. New York: Free Press.

Pescarin S. 2020 (ed.), *Videogames, ricerca e Patrimonio culturale*. Roma: Franco Angeli.

Pietroni E., S. Borghini, R. Carlani and A. Palombini 2011. Teramo project: toward the creation of a Virtual Heritage Network in urban and in cybernetic space, in J. Al-Qawasmi, M.A. Chiuni, S. El-Hakim (eds.) *Digital Media and its Applications in Cultural Heritage*. Amman: CSAAR.

Pietroni E., M. Forlani, C. Rufa C. 2015. Livia's Villa Reloaded: An Example of Re-use and Update of a Preexisting Virtual Museum, Following a Novel Approach in Storytelling Inside Virtual Reality Environments, in *Proceedings of Digital Heritage International Congress 2015*. New Jersey: IEEE.

Renfrew C. 1973. *Before civilization*. Cambridge: Cambridge University Press.

Viscogliosi A., S. Borghini, R. Carlani 2006. L'uso delle ricostruzioni tridimensionali nella storia dell'architettura: immaginare la Domus Aurea. *Journal of Roman Archaeology*, Supplementary Series 61: 207- 219.

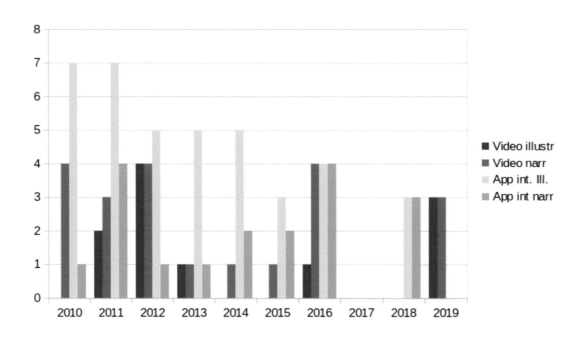

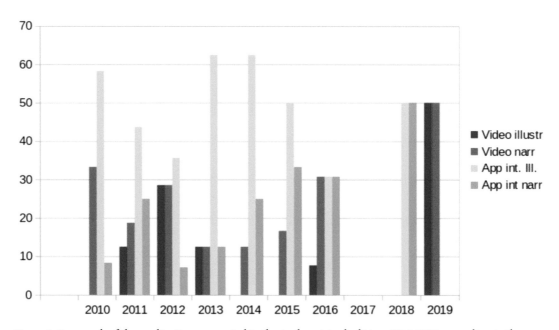

Figure 1: Bar graph of the applications presented in the Archeovirtual editions 2010-2019, according to the classification proposed (see text and figure legend), expressed in quantity (a: upper), and percent on the total number of applications in the same edition (b: lower)

Hold the Hut, il progetto di tutela e valorizzazione della capanna arcaica di San Chirico Nuovo (Potenza, Basilicata)

Sabrina Mutino*, Lucia Colangelo**, Michele Scioscia***

*SABAP Basilicata (Soprintendenza Archeologia, Belle Arti e Paesaggio Basilicata)
** Libera professionista
*** CEO effenove s.r.l.s.

Abstract: Hold the Hut is a video game created by effenove s.r.l.s., a Potenza-based 3D computer graphics company specialising in digital technologies for science promotion.

The video game is part of a project to promote cultural heritage through gamification. The project was started after the discovery of an ancient Hut from the late 6th century BC in San Chirico Nuovo (Potenza) during an archaeological survey for construction of a wind farm.

A public archaeology collaboration involving several public institutions and private organisations, coordinated by the Basilicata Regional Authority for Archaeology, Fine Arts and Landscape, has led to a series of systematic actions aimed at safeguarding the find.

The Hut has been relocated to a site in the centre of town that is very similar to the original setting and placed under a protective structure to make it accessible to residents and tourists. Several promotional initiatives have been launched to raise and sustain the local community's awareness of and engagement with this important cultural treasure.

Hold the Hut is a video game with episodes that can be played online – users are set challenges in the form of quizzes, puzzles and interactive 3D graphics encouraging them to learn more about the find and local history in general – and an augmented reality episode that can be activated at the site. The game has been promoted at national events and in schools in Basilicata, in order to stimulate the general public's curiosity and enthusiasm, even from afar, and thereby encourage tourism to the site.

Riassunto: Hold the Hut è un videogioco realizzato da effenove s.r.l.s., società di computer grafica 3D con sede a Potenza, che opera nel settore della divulgazione scientifica tramite le nuove tecnologie digitali.

Il videogioco è parte di un progetto di divulgazione del patrimonio culturale attraverso la gamification, nato per la valorizzazione di una capanna arcaica, datata alla fine del VI secolo a.C., rinvenuta nel Comune di San Chirico Nuovo (PZ). Il reperto è stato scoperto durante un'operazione di sorveglianza archeologica nel corso dei lavori per la realizzazione di un impianto eolico.

Grazie a quello che si configura come un vero e proprio intervento di archeologia pubblica, la collaborazione tra diverse istituzioni e organizzazioni private, coordinate dalla Soprintendenza Archeologia Belle Arti e Paesaggio della Basilicata, ha sviluppato una serie di azioni sistematiche per la tutela del reperto.

La capanna è stata trasferita nel centro del paese in un'ambientazione molto simile al contesto originario. Coperta da una struttura protettiva, è stata dunque resa accessibile a residenti e turisti. Per promuoverne la conoscenza sono state emesse in campo diverse attività di comunicazione, coinvolgendo la comunità locale in un lungo processo di engagement e affezione per il tesoro ritrovato.

Il videogioco Hold the Hut, basato su alcuni episodi giocabili online (quiz, puzzle e 3D interattivi chiedono all'utente di ingaggiare una sfida per conoscere il reperto e la storia locale) e un episodio in realtà aumentata attivabile in loco, conclude il progetto. Lo stesso è stato diffuso in eventi nazionali e promosso nelle scuole della regione, per incentivare flussi turistici verso il reperto attivando a distanza la curiosità e il desiderio di conoscenza di un pubblico vasto.

Keywords: Hold the Hut, Effenove, Gamification, Ancient Hut, Public archaeology, Augmented reality

Dall'emergenza alla valorizzazione, una tutela possibile

Hold the Hut è il videogioco ideato nell'ambito del progetto di tutela e valorizzazione dei resti di una capanna arcaica, rinvenuti a San Chirico Nuovo (Potenza, Basilicata) nel 2017, durante la sorveglianza archeologica dei lavori per la realizzazione di un impianto eolico.

L'inquadramento territoriale più ampio già lasciava intuire che si potesse trattare di un sito archeologico nel cuore della Lucania interna, dove, in particolar modo lungo la viabilità fluviale, su molti altipiani insistono insediamenti fortificati di fine V-inizi IV sec. a.C., attribuiti ai Lucani. Non a caso, a poco più di 5 km a sud di questo sito si colloca Civita di Tricarico (De Cazanove 2008; De Cazanove 2014) e a una ventina di km a nord-ovest Torretta di Pietragalla (Henning 2021), oggetto di indagini pluriennali da parte di missioni universitarie internazionali.

Nel 2011, durante le operazioni di archeologia preventiva alla costruzione dell'impianto eolico, la collina di Serra Cugno Notaro ha rivelato le tracce diffuse di importanti strati di distruzione archeologica, dovuti alle arature con mezzi meccanici. Rispetto all'area indagata preliminarmente nella parte più alta del rilievo, però, la scoperta dei resti di una capanna arcaica durante la costruzione del parco è stata imprevista. Questa zona dell'insediamento si riferisce, infatti, ad una fase precedente al sito lucano, con testimonianze più labili e più difficili da individuare tramite la diagnostica archeologica.

La base in pietra e la pavimentazione in terra battuta di una capanna, databile nel VI sec. a.C., costituiscono il complesso che si è deciso di valorizzare, non per una supposta eccezionalità dello stesso, ma proprio perché l'unico conservatosi nel sito, a testimonianza di come dovessero essere le abitazioni di quell'epoca, tutte purtroppo distrutte da fenomeni naturali o dalle arature.

La modalità stessa del ritrovamento ne ha condizionato tempi e modi dell'indagine, ma soprattutto lo ha inserito nel dibattito, piuttosto fervido in Italia in questi anni, sulla necessità di coniugare le esigenze della tutela del patrimonio archeologico con quelle dello sviluppo territoriale (Manacorda 2020). Superato lo stereotipo romantico dello 'scopritore di tesori', l'archeologo contemporaneo ha come suoi più diretti interlocutori i progettisti di grandi opere pubbliche e private, e gli amministratori del territorio. Costoro, tuttavia, sembrano ancora faticare ad integrare realmente l'archeologia tra i tematismi della pianificazione e ciò comporta il dover agire, il più delle volte, in situazioni di emergenza archeologica, per fronteggiare il rischio della distruzione di depositi e contesti, che la realizzazione di un'opera può comportare.

Oggi l'archeologia è riconosciuta come un elemento costitutivo del paesaggio (MiBACT 2018). Il paesaggio ha insegnato all'archeologia l'importanza fondamentale della relazione tra le cose, per coglierne il significato nel contesto, e l'archeologia ha restituito al paesaggio la sua connotazione storica, facendogliene scoprire la dimensione culturale. Secondo una efficace lettura del paesaggio culturale, si tratterebbe infatti di una sorta di 'museo vivo delle società succedutesi e delle rispettive evoluzioni culturali', che viene a costituire una vera e propria registrazione degli esiti del rapporto tra uomo e territorio. Di questa relazione, come si vedrà, si è tenuto conto nel progetto culturale alla base di Hold the Hut, non soltanto perché nella ricostruzione del contesto archeologico sono presenti pure gli elementi del paesaggio (Fig. 1), ma anche in relazione alla scelta dei contenuti da comunicare.

Il nuovo approccio epistemologico, definito 'olistico', che invita ad una lettura dei valori culturali integrati nel paesaggio, ha improntato la normativa in vigore (D.Lgs. n. 42/2004 "Codice dei beni Culturali e del Paesaggio") e di conseguenza l'organizzazione degli uffici periferici del Ministero della

Cultura, le cd. 'soprintendenze miste' (D.M. n. 44/2016, D.P.C.M. 269/2019). Dal punto di vista delle procedure amministrative, però, spesso questo si traduce nella letterale scomparsa dell'archeologia all'interno di procedimenti destinati alla tutela del paesaggio. Nell'ambito di questi ultimi la valutazione degli impatti archeologici, contemperando gli interessi in gioco nella realizzazione di lavori pubblici, si limita peraltro a valutare una situazione di rischio, senza partecipare fino in fondo alle scelte progettuali e programmatiche, l'intervento dell'archeologia è limitato alla fase di ricerca di soluzioni ed espedienti per la salvaguardia del patrimonio in caso di emergenza, o per la mitigazione degli impatti su di esso.

Entro tali limiti di azione è nata anche la scelta di elaborare un progetto di tutela e valorizzazione della capanna arcaica, inaspettatamente rinvenuta nel corso degli scavi per la costruzione di una piazzola eolica nel 2017, coordinati sul campo da Lucia Colangelo. La realizzazione del progetto, diretto scientificamente dalla Soprintendenza e portato a termine in virtù di una convenzione stipulata tra il Comune di San Chirico Nuovo e la Società PLC System, che ha costruito l'impianto, è stato realizzato dalla effenove srls. Sul piano della procedura, si è optato per la seconda delle tre gradazioni di tutela archeologica, applicabili a conclusione delle attività normate dal Codice degli Appalti pubblici in materia di archeologia preventiva. Il caso in esame riguardava infatti 'contesti che non evidenziano reperti leggibili come complesso strutturale unitario, con scarso livello di conservazione, per i quali sono possibili interventi di reinterro, smontaggio, rimontaggio e musealizzazione in altra sede rispetto a quella di rinvenimento' (D.Lgs. n. 50/2016, art. 25, co. 9).

Già la Convenzione Europea de La Valletta del 1992 sulla "Protezione del patrimonio archeologico", per evitarne la distruzione, oltre ad indicare il rispetto di rigorosi standard di qualità degli interventi, introduceva la necessità di conciliare e articolare i bisogni dell'archeologia e quelli della pianificazione territoriale. E questo non perché sviluppo ed archeologia siano in contrasto, tutt'altro. Il contrasto, semmai, è tra il voler ignorare il potenziale archeologico di un territorio e il riuscire a pianificarne lo sviluppo. Successivamente, dalla Convenzione Europea di Faro del 2006 sul "Valore della eredità-patrimonio culturale", veniva enunciato un concetto rivoluzionario di bene culturale, che implica il diritto da parte del cittadino a trarre un beneficio, un vero e proprio godimento, dal paesaggio e dal patrimonio. Si tratta naturalmente di un godimento che non deve limitarsi alla visione estetica, perché gli aspetti invocati di partecipazione consapevole e responsabilità condivisa, ovvero distribuita tra chi è chiamato a governare il territorio ed i singoli cittadini che lo popolano, hanno fatto emergere la necessità di radicare non solo un comune buon senso, ma una vera e propria 'etica del patrimonio e del paesaggio', a cui bisogna essere educati.

Queste sono le principali ragioni per cui, in un territorio che è in continua evoluzione, anche l'archeologia dovrebbe avere un ruolo attivo nelle scelte della pianificazione, contribuendo a progettare opere secondo una visione strategica, con uno sguardo al futuro che accompagni le scelte nella direzione di uno sviluppo compatibile e, dunque, sostenibile. In questa ottica, gli stessi beni culturali e paesaggistici diventano strategici e costituiscono il fulcro della riflessione, attorno alla quale le comunità locali devono riconoscersi come comunità di eredità/patrimonio. Secondo una definizione, tratta ancora una volta dalla Convenzione di Faro, queste si identificano in un insieme di persone che, proprio sul tema culturale e paesaggistico: 1) riconosce e attribuisce valore al patrimonio, come espressione di una eredità di valori, credenze, conoscenze e tradizioni in continua evoluzione; 2) desidera sostenere e trasmettere questa eredità; 3) sa usarlo saggiamente come risorsa per uno sviluppo sostenibile.

Il progetto Hold the Hut ha inteso perseguire la tutela e la valorizzazione della capanna attraverso la sua musealizzazione, resa possibile con impegnative operazioni di smontaggio e rimontaggio in altra sede, finanziate dalla società eolica. Si è proceduto prima con il consolidamento (Fig. 2) e dopo con il taglio del monumento, costituito dalle strutture in pietra e dal connesso pavimento in terra. In seguito è avvenuta l'asportazione e lo spostamento in due fasi (Fig. 3), poi il riposizionamento, un nuovo consolidamento e l'allestimento entro una struttura di protezione e copertura, concepita secondo un design contemporaneo (Fig. 4), inserita nel belvedere dell'attuale centro cittadino di San Chirico Nuovo, entro uno scenario paesaggisticamente affine a quello di provenienza.

Epurate le contestazioni dalle questioni di politica locale, basate su contenuti non pertinenti, è possibile invece riflettere sulle accuse mosse contro la Soprintendenza per la scelta di spostare la capanna arcaica, perché la delocalizzazione ne avrebbe comportato la decontestualizzazione, privando la testimonianza di una rete di significati, che solo *in situ* si sarebbero potuti cogliere. Anche su questo punto credo possa venire in soccorso il frutto della riflessione più recente sui temi del patrimonio e del paesaggio culturali, espressa nella Convenzione di Faro, che estende il concetto di patrimonio culturale a "tutti gli aspetti dell'ambiente che sono il risultato dell'interazione nel corso del tempo fra le popolazioni e i luoghi". Questa definizione si fonda sulla convinzione che, in quell'organismo vivente rappresentato dal paesaggio contemporaneo, la relazione biunivoca tra condizioni ambientali e situazioni determinate dall'uomo non può essere interrotta. Non sarebbe pertanto stato possibile operare una scelta, basata su teorie epistemologiche, ma che non tenesse concretamente conto della situazione reale del territorio. Esiste una oggettiva certezza riguardo al fatto che, se il circolo di pietre ed il battuto pavimentale fossero rimasti *in situ* e senza la creazione di una struttura ad hoc per proteggerli, sarebbe stato impossibile conservarli e monitorarli, proprio in virtù delle condizioni di impervietà e difficoltà di accesso all'area del ritrovamento, e vista la fragilità delle testimonianze rispetto all'invasività dell'uso agricolo dei terreni.

In linea teorica, l'applicazione delle Convenzioni Internazionali sul patrimonio culturale, a partire da quella dell'Aja del 1954, impegnerebbe lo Stato italiano all'obbligo della protezione dei siti dichiarati di interesse culturale, ma sappiamo che un patrimonio archeologico diffuso, pervasivo e distribuito in ogni angolo più sperduto di un Paese come il nostro, non può essere tutelato e valorizzato, se non con il coinvolgimento degli amministratori locali e guardando agli autentici portatori sani di interessi, ovvero le comunità.

Su questo tema si gioca la partita per gli archeologi del XXI secolo, dal momento che, nell'ambito di decisioni che tengono conto di una rosa di interessi ben più ampia sono chiamati, in caso di emergenza, a promuovere scelte di tutela sostenibili, ovvero una conservazione integrata allo sviluppo che risulti utile per i cittadini, che sia percepita come possibilità di trasformare un giacimento culturale in una risorsa. Ciò significa assumersi le responsabilità scientifiche e di settore di scelte — il più delle volte impopolari— operate su cosa, ma anche su come tutelare, armonizzando il più possibile con le linee guida della politica, ma soprattutto coinvolgendo gli attori del territorio, attraverso l'impegno della comunicazione e della divulgazione all'insegna della chiarezza, correttezza e onestà intellettuale. Imperativi per l'archeologo sono: comunicare, spiegare, coinvolgere, condividere e partecipare. La chiamano anche "archeologia pubblica" proprio sulla falsariga della raccomandazione che le risorse culturali siano aperte e fruibili, comprese e tramandate, come conseguenza della scelta collettivamente e responsabilmente condivisa da parte delle comunità (Volpe 2020). Il più ampio coinvolgimento possibile nelle decisioni, però, non va frainteso con la errata supposizione che tutti possano sostituirsi agli archeologi pur senza esserlo, senza aver conseguito competenze e assunto ruoli in questo delicatissimo settore. Per evitare irreparabili danneggiamenti di un bene comune e per non rischiare che alcuni interessi particolari soppiantino l'interesse pubblico dei beni culturali, sono necessari senso di responsabilità e rispetto delle competenze tecnico-scientifiche, che non possono mai mancare o essere surrogate in qualunque intervento sul patrimonio.

Nel caso di San Chirico Nuovo, nell'area interessata dal progetto della piazzola eolica, dove è stata scoperta la capanna, i ritrovamenti si presentavano fortemente intaccati dall'acqua per un fenomeno di risalita della falda. L'areale è stato così 'bonificato' dai depositi archeologici mobili, scavati stratigraficamente e, dopo aver accuratamente documentato la localizzazione della struttura abitativa, che aveva una tomba infantile *ad enchytrismos* al suo interno, e al suo esterno si presentava in relazione con un pozzo e altre otto sepolture, si è ragionato sulla possibilità di sacrificare un sito così irrimediabilmente compromesso dal punto di vista della conservazione, dislocandone la struttura, testimone della modalità abitativa ivi rinvenuta. La capanna è stata scelta anche per la sua capacità evocativa, che ha permesso di rinviare a consuetudini di vita, ricostruibili per il periodo in esame sulla base dei ritrovamenti di reperti archeologici fatti in altri siti affini del comprensorio, attualmente esposti nei Musei della Regione, alla cui visita Hold the Hut rappresenta anche un invito.

Per affrontare con competenza la sfida della comunicazione e del coinvolgimento responsabile della comunità, non soltanto locale, si sono resi necessari nuovi strumenti per sollecitare l'impegno civico anche con il ricorso a professionisti del patrimonio diversi dagli archeologi, specialisti nella comunicazione e nella tecnologia digitale.

Il progetto di Hold the Hut vorrebbe dunque rappresentare la sperimentazione di una forma di tutela sostenibile nel processo di lunga durata, che si propone, come unica via possibile per la sua salvaguardia, di educare al patrimonio gli amministratori e le comunità locali. La sperimentazione ha riguardato anche la possibilità di gestione di questo patrimonio, che declinasse l'insieme di dati storici registrati dal terreno (il giacimento culturale) nelle esigenze del territorio vivo. Esigenze, da un lato, di implementazione dello sfruttamento delle risorse energetiche e, dall'altro, di conoscenza e di fruizione del proprio patrimonio archeologico.

Primo obiettivo è stata l'elaborazione di strumenti per consentire la protezione, ai fini della pubblica fruizione della struttura anche in remoto, tramite la creazione di un punto di attrazione facilmente raggiungibile e monitorabile, ma che non ne stravolgesse eccessivamente la collocazione rispetto al contesto di provenienza, a un paio di km di distanza. Per la buona riuscita del progetto si è puntato molto sulla comunicazione, perseguendo il fine del diletto, anche tramite la gamification, per il suo più elevato potenziale in termini di efficacia e reticolarità dell'informazione. Anche se proposte in termini di gioco, le ricostruzioni presenti in Hold the Hut sono frutto di studi e di approfondimenti, a partire dai risultati scientifici dello scavo della capanna e del suo contesto archeologico.

Hanno fatto parte integrante del progetto la divulgazione, non solo dei contenuti della ricostruzione storico-archeologica, ma anche delle ragioni scientifiche, normative e gestionali delle scelte effettuate. Non a caso, la diffusione del videogioco Hold the Hut è stata affiancata da un video promozionale con la presentazione del paese e delle sue tradizioni culturali, e da uno con la descrizione delle operazioni effettuate per lo spostamento della struttura e la realizzazione della protezione, nel tentativo continuo di spiegare le scelte operate, con onestà intellettuale, rimanendo aperti al dialogo con chi esprime un parere contrario, anche con durezza. La dimensione locale è stata altresì trascesa, dal momento che, grazie al videogioco, questo patrimonio ha conosciuto una diffusione in rete, con riconoscimenti di caratura nazionale ed internazionale, consentendo anche la fruizione allargata del contesto.

Nell'ambito del Convegno tenutosi sugli "Stati generali della gestione dal basso del patrimonio culturale" il 23 febbraio 2019 a Firenze, è stato elaborato un vero e proprio documento sulla gestione del bene comune, il "bene nostro", da parte di una consistente rappresentanza di diverse realtà impegnate nel proprio territorio, che continuano però a operare singolarmente e isolatamente. Ci si è auspicato, quindi, che una rete nazionale potrà dare più forza a ogni componente, condividere buone prassi e opportunità, scambiare esperienze, nel quadro di un'azione pubblica coordinata di indirizzo, valutazione e monitoraggio della qualità dei progetti e dei soggetti proponenti.

A San Chirico Nuovo sarà la locale Associazione Culturale 'Telai e Pithoi' ad organizzare la visita guidata della struttura, in occasione dei principali eventi culturali promossi dal Ministero della Cultura. Gestire significherà rendere fruibile e saper comunicare, ma grazie alla capacità visionaria e al coraggio dei pochi che non si rassegnano e vogliono mettersi in gioco, all'entusiasmo per i feedback positivi che si cominciano a rilevare progressivamente, alla gioia per il sostegno che cresce tra le persone di un territorio inizialmente diffidente.

Il progetto complessivo, nell'ambito del quale è nato Hold the Hut, vuol essere in sostanza una operazione di archeologia pubblica, che intende rappresentare un esperimento di gestione "dal basso" del bene comune, un bene 'ideato' trasformando un giacimento culturale in una risorsa per il suo territorio.

SM

Il contesto archeologico

Le indagini archeologiche condotte nelle aree destinate ad ospitare le piazzole di due torri eoliche realizzate in località Serra di Cugno-Notaro di San Chirico Nuovo, hanno permesso di documentare due distinti nuclei di un abitato arcaico databile nel VI sec. a.C., organizzato per gruppi autonomi di strutture abitate, produttive e necropoli. Questa modalità insediativa è molto ben documentata nel comprensorio del fiume Bradano, un ampio territorio compreso tra l'area nord-lucana (corrispondente all'area nord-occidentale della provincia di Potenza) e l'area peucezia (corrispondente alla provincia di Bari).

L'antico abitato scoperto si configura come uno dei numerosi centri indigeni, posti in prossimità di passi o confluenze fluviali e, analogamente a Oppido Lucano (Lissi Caronna 1983; Lissi Caronna 1990-1991) e Ripacandida (Heitz 2021) si colloca lungo una linea di confine che segue il limite naturale del corso del fiume Bradano.

Tra le testimonianze archeologiche in località Serra, la capanna rappresenta senza dubbio quella più significativa per la ricerca storico-archeologica, anche nel campo dell'edilizia antica. Essa è databile tra la seconda metà e la fine del VI sec. a.C. e si inserisce in una fase di passaggio dalla tecnica costruttiva delle capanne circolari, con elevati realizzati con incannucciata linea e paglia, a quella degli edifici a pianta quadrangolare con elevato in pisè (argilla cruda e paglia) e copertura pesante realizzata in tegole.

Le evidenze sul terreno riferibili alla struttura sono costituite da due circoli di pietre con diamentro max di 6.70 mt, inframmezzati dai resti di un elevato in argilla cruda, che delimitano un piano pavimentale in battuto di terra, al cui interno sono visibili buche di palo per il sostegno della copertura realizzata in materiale stramineo: una centrale più ampia e quattro di dimensioni minori poste lungo il perimetro interno della struttura (Fig. 5). Il piano di calpestio interno, in terra battuta, presenta segni di un focolare e di un *enchytrismos*, una deposizione funeraria entro un vaso di impasto. Si tratta di una pratica funeraria molto diffusa in ambito indigeno, che prevedeva una stretta connessione tra mondo dei vivi e dei morti con il seppellimento entro lo spazio domestico riservato a neonati o bambini di pochi anni.

Due sono le aperture: l'accesso principale, collocato ad ovest, coperto da un portico individuato sul terreno da buche di palo allineate ai lati dell'entrata, ed una seconda apertura ad est. Lo spazio esterno alla capanna era pavimentato, come documentano alcune lastre di calcare trovate davanti all'ingresso principale, provvisto di acciottolato, battuti compatti e recinti delimitavano poi le aree produttive, mentre un pozzo permetteva l'approvvigionamento idrico.

La capanna era destinata esclusivamente al riparo dalle intemperie e al riposo notturno. Le attività quotidiane si svolgevano all'aperto nel cortile provvisto di focolare. All'aperto si forgiava il ferro, si conciavano le pelli, si filava e tesseva la lana, si modellava e cuoceva il vasellame d'uso, come dimostrano fosse realizzate appositamente per la fabbricazione dei vasi.

La presenza di grandi contenitori per le derrate alimentari fornisce informazioni utili sugli scambi economici delle comunità che li utilizzavano. L'uso di questi grandi contenitori, ad esempio, documenta un'organizzazione dello spazio di stoccaggio e al tempo stesso la possibilità di immagazzinare scorte alimentari. Questi grandi vasi erano disposti all'interno o all'esterno delle abitazioni, sotto tettoie o nei cortili, ed alloggiati in fosse appositamente scavate. Recinti, realizzati con lastre di pietra, poste di taglio o in piano, delimitavano aree destinate alle sepolture dei bambini, dette a *enchytrismos*: deposizioni entro vasi grossolani come pentole (Castoldi 2014).

Lo studio delle tombe del sito ha aggiunto dati importanti anche alla conoscenza delle dinamiche sociali e della cultura materiale di questa comunità indigena. Le tombe, organizzate per gruppi parentali rientrano nel tipo "a fossa" con deposizione inumata singola, rannicchiata, gli uomini sul fianco destro e le donne sul sinistro. Fosse rituali e focolari rinvenuti nelle immediate vicinanze delle sepolture e in alcuni casi anche sopra le tombe, sono chiare tracce della pratica di rituali funerari comunitari, che prevedevano anche lo svolgimento di 'pasti funebri'. Delle nove sepolture riportate alla luce, si distinguono quattro riservate a bambini. Spesso si trovano all'interno delle abitazioni, rivelando lo stretto legame tra mondo dei vivi e dei morti, come nel caso dell'*enchytrismos* all'interno della capanna, ma le quattro nell'area limitrofa erano addensate in uno spazio, probabilmente delimitato da un recinto ligneo coperto con una tettoia.

Una sepoltura femminile, appartenente ad una bambina di circa sei anni, è estremamente significativa per la presenza, all'interno del corredo funebre, di un contenitore (olletta) decorato con il motivo ben riconoscibile dei "gallinacei" (Fig. 6), attribuita alla seconda fase di questa produzione (subgeometrico peucezio II, 575-525 a.C.) e ad officine di Monte Sannace (presso Gioia del Colle, in provincia di Bari) (De Juliis 1995).

L'esame della cultura materiale inserisce dunque questo sito nel cantone altobradanico, di cui è caratteristica la produzione della ceramica subgeometrica, definita nei repertori Oppido ware, sulla scorta degli studi degli anni Ottanta dell'archeologa Elisa Lissi Caronna, da poco scomparsa (Lissi

Caronna 1990-1991). Le classi ceramiche locali attestate rinviano ad un ambito di circolazione ristretto all'Alto Bradano, con qualche influenza della vicina produzione "nord-lucana" (Lissi Caronna 1990-1991; Heitz 2021).

L'esiguità dei reperti ceramici e d'uso nell'area della capanna sono indizi dell'abbandono volontario della struttura da parte dei suoi occupanti. Tra le cause dell'abbandono è ipotizzabile l'innalzamento della falda acquifera. Tra fine VI-inizi V a.C. sono documentati in tutta la regione inondazioni, alluvioni e frane. Analoghi fenomeni alluvionali lungo la costa ionica hanno comportato l'impaludamento di vaste aree a seguito delle continue esondazioni dei fiumi Bradano e Basento ed hanno dato inizio ad importanti opere di bonifica nel territorio di Metaponto, ad esempio, le prime documentate già in antico (De Siena 2016).

LC

Hold The Hut

Hold The Hut (Fig. 7) ha voluto cogliere una sfida basata su tre obiettivi principali: raggiungere e coinvolgere un pubblico ampio, divulgare una scoperta di notevole valore storico e archeologico, dare un contributo concreto allo sviluppo locale.

Se la supervisione costante della SABAP Basilicata ha garantito la rispondenza dei contenuti alle evidenze scientifiche e ai dati noti, è sul versante formale che è stato importante lavorare per individuare una giusta mediazione, tanto nel linguaggio tanto nella tecnologia a diposizione. L'emergenza sanitaria da Covid-19 ha inoltre costretto a una revisione del progetto: ma la necessità di immaginare una fruizione che non fosse più esclusivamente in presenza si è trasformata in un valore aggiunto.

Inizialmente Hold The Hut era stato pensato come un applicativo in Realtà Aumentata incentrato sulle vicende di un'ideale famiglia arcaica dell'area Nord della Basilicata. Gli utenti avrebbero potuto conoscerne le abitudini e apprendere alcune curiosità puntando lo smartphone sui pannelli informativi allestiti all'interno della struttura di protezione del reperto archeologico. Avrebbero così visualizzato modelli tridimensionali in realtà aumentata da interrogare ed esplorare.

A marzo 2020, nel pieno delle lavorazioni per la produzione del serious game, l'emergenza sanitaria ha costretto la società effenove s.r.l.s. e l'intero team di progetto a ripensare il modello di fruizione del bene in chiave gamification. È stato, infatti, necessario pensare a una modalità che, almeno fino al termine delle misure di sicurezza più restrittive, permettesse di fare esperienza del patrimonio culturale anche a distanza, tra le proprie mura domestiche.

Proprio tenendo conto del contesto mutato Hold the Hut è diventato un videogioco per smartphone e tablet, scaricabile gratuitamente per i sistemi Android e iOS, disponibile in due lingue, italiano e inglese. Il videogioco è composto da quattro episodi: i primi tre sono giocabili online, ovunque. Solo l'ultimo episodio è basato sulla realtà aumentata e dunque l'utente può completarlo puntando lo smartphone sui pannelli informativi situati nei pressi della capanna oppure sulla cartolina che riproduce il target, scaricabile dal sito del videogioco (www.holdthehut.it).

Ciò che muove questa impostazione è un tentativo di coinvolgere gli utenti in due momenti: prima, a distanza, seminando alcune informazioni e curiosità, così da convincerli a raggiungere, ove possibile, il reperto di persona per completare il gioco in un secondo momento.

I quattro episodi, infatti, costituiscono una sorta di staffetta a punti. Ciascuno con un focus e un relativo punteggio da conquistare:

- i reperti ritrovati nel territorio di San Chirico Nuovo;

- l'archeologia preventiva;

- una tipica famiglia arcaica;

- il reperto capanna.

Il primo episodio è una sfida contro il tempo: completando i puzzle dei reperti archeologici venuti alla luce nell'area di ritrovamento della capanna, l'utente può approfondire gli usi e costumi delle popolazioni dell'epoca.

Il secondo episodio, attraverso la navigazione interattiva di modelli tridimensionali, svela i segreti della complessa e delicata operazione di spostamento della capanna arcaica di San Chirico Nuovo da contrada Serra al Belvedere (Fig. 8).

Il terzo episodio è un quiz: rispondendo ad alcune domande è possibile conoscere le tecniche di costruzione delle abitazioni dell'epoca e i materiali usati per renderle sicure. Ad ogni risposta la capanna si spoglierà di un componente architettonico fino ad arrivare al basamento e quindi allo stato attuale di ritrovamento.

L'ultimo episodio, come anticipato, permette di approfondire la conoscenza del reperto in realtà aumentata: il modello del reperto può essere visualizzato ed esplorato tridimensionalmente (Fig. 9).

Lo scopo del gioco è raggiungere il massimo del punteggio in ogni sfida così da ricevere il riconoscimento di giocatore esperto e, contemporaneamente, accrescere la propria conoscenza sul patrimonio culturale. La fascia bambini-adolescenti è quella individuata come target primario, ma il videogioco può catturare anche utenti adulti oppure coinvolgere nuclei familiari in un'esperienza condivisa di conoscenza del reperto.

A tal proposito l'universalità dell'applicativo è garantita dalla classificazione PEGI 3 negli store Android e iOS e dal "bollino famiglia" concesso dalla procedura di distribuzione online dell'ambiente Google.

Tutti gli oggetti inseriti nel videogioco sono stai modellati in 3D a partire dalla documentazione fornita dalla direzione scientifica, e dopo la realizzazione di storyboard per il concept iniziale (Fig. 10).

Nel caso dei reperti archeologici esistenti e conservati al Museo Archeologico Nazionale "Dinu Adamesteanu" e al Museo Archeologico Provinciale di Potenza si è proceduto con la tecnica fotogrammetrica e una battuta fotografica per la realizzazione di textures fedeli alla realtà. Le nuvole di punti ottenute sono state elaborate per ottenere dei modelli con un numero ottimizzato di poligoni, così da renderli gestibili sui dispositivi degli utenti.

La capanna, invece, è stata riprodotta sulla base di un'ipotesi costruttiva del team di archeologi e a partire dalla fotogrammetria da drone effettuata sul basamento ritrovato (Fig. 11).

Per quanto riguarda la distribuzione del videogioco, agli usuali canali di comunicazione (siti, account social, campagna stampa, eventi istituzionali, appuntamenti con le scuole) Hold The Hut sta ottenendo riscontri positivi rispetto al pubblico non locale e di addetti di settore. Il videogioco è nel cartellone di manifestazioni prestigiose quali il Lucca Comics 2021 e la Borsa Internazionale del Turismo Archoelogico e, inoltre, è inserito nel database di Ivipro (Italian Videogame Program), la mappatura dei videogiochi che traggono spunto dal patrimonio culturale italiano.

Con Hold the Hut effenove s.r.l.s porta avanti il lavoro di gamification applicata al patrimonio culturale partendo dalla consapevolezza che la tecnologia può essere solo lo strumento per raggiungere il fine che, invece, è la divulgazione scientifica.

Attraverso il confronto tra il gioco, il proprio device e il sapere scientifico, si incentiva un nuovo pubblico di turisti, offrendo un'esperienza di visita originale e interattiva e sfruttando i meccanismi insiti nell'uomo, come la competizione e la gratificazione, tipici del gioco.

È fondamentale che il processo di valorizzazione parta dagli stessi siti culturali che, applicando al loro interno un percorso di visita innovativo basato sul gaming, hanno la possibilità di guardare così ad un target più ampio, aumentare il numero di visitatori e di conseguenza gli introiti. Sfruttando queste nuove strategie di valorizzazione del patrimonio culturale, inoltre, si fa dello smartphone un valido strumento per rendere accessibile i siti a chiunque e in ogni parte del mondo così da permettere l'avanscoperta di alcuni dei siti più belli, alcuni dei quali, risiedono proprio nel nostro BelPaese.

MS

Bibliografia

Castoldi, M. (ed.) 2014. *Un abitato Peuceta. Scavi a Jazzo Fornasiello (Gravina in Puglia – Bari). Prime indagini*. Bari: Edipuglia.

De Cazanove, O. 2008. *Civita di Tricarico I. Le quartier de la maison du Monolithe et l'enceinte intermédiaire*. Roma: Bibliothèque de l'École Française de Rome. Centre Jean Bérard de Naples: 408.

De Cazanove, O., S. Féret and A.M. Caravelli (eds.) 2014. *Civita di Tricarico II: habitat et artisanat au centre du plateau*. Roma: Bibliothèque de l'École Française de Rome. Centre Jean Bérard de Naples: 473.

De Juliis, E.M. 1995. *La ceramica geometrica della Peucezia*. Roma: Gruppo Editoriale Internazionale.

De Siena, A. 2016. Il Metapontino, in A. Preite (ed.), *Energia e patrimonio culturale in Basilicata e Puglia*: 196-256. Viggiano: Tecnostampa.

Heitz, C. 2021. *Ein Modell zu Identität und Hexis, ausgehend von Ripacandida und weiteren binnenländischen Gemeischaften*, Reichert Verlag Wiesbaden: Reichert Verlag.

Henning, A. 2020. Höhensiedlungen und Fortifikationen des 4.-3. Jahrunderts v. Chr. in *Süditalien. Eine Neubewertung der soggenanten lukanischen Siedlungen auf der Grundlage von feldarchäologischen Untersuchungen und vergleichenden Architekturanalysen. Unpublished Habilitationsschrift zur Erlangung der Lehrbefähigung für das Fach Klassische Archäologie*. Berlino: University of Berlin.

Lissi Caronna, E. 1983. Oppido Lucano (Potenza). Rapporto preliminare sulla terza campagna di scavo (1969). *Notizie degli Scavi di Antichità*, VIII(37): 217-352.

Lissi Caronna, E. 1990-1991, Oppido Lucano (Potenza). Rapporto preliminare sulla quarta campagna di scavo (1970). Materiale archeologico rinvenuto nel territorio del Comune. *Notizie degli Scavi di Antichità*, s. IX, 1-2: 185-488.

Manacorda, D. 2020. A proposito di archeologia preventiva: una riflessione di cornice. *Atti e Rassegna Tecnica della Società degli Ingegneri e degli Architetti in Torino*, 153-LXXIV(2-3): 13-19.

Mutino, S. and L. Colangelo 2018. San Chirico Nuovo (PZ). Un insediamento tardo-arcaico nel territorio bradanico. *Dialoghi sull'Archeologia della Magna Grecia e del Mediterraneo*, 3(II): 397-404. Stati generali del paesaggio 2018.

MiBACT (ed.) 2018. *Stati generali del paesaggio*. Roma: Gangemi.

Volpe, G. 2020. *Archeologia pubblica. Metodi, tecniche, esperienze*. Roma: Gangemi.

Sitografia

Archeologia Viva n. 209, settembre-ottobre 2021, Firenze, San Chirico Nuovo: messaggi dalla Lucania, viewed 15 October 2021, <https://www.archeologiaviva.it/17782/san-chirico-nuovo.

Figura 1: Il paesaggio antico di Serra Cugno Notaro con l'ipotesi ricostruttiva del villaggio arcaico (VII-VI sec. a.C.).

Figura 2: Consolidamento della base della grande capanna arcaica prima della rimozione dal sito
delritrovamento in contrada Serra Cugno Notaro

Figura 3: Trasferimento in blocchi della capanna (circa 20 tonnellate l'uno) in un'area fruibile e sorvegliata nel centro di SanChirico Nuovo (PZ)

Figura 4: Sistemazione finale della base della capanna arcaica all'interno della moderna struttura che laprotegge e la racconta nel Belvedere di San Chirico Nuovo (PZ)

Figura 5: Fondazione della capanna arcaica costituita da un doppio circolo di pietre, un alzato in argilla cruda epavimento in terra battuta

Figura 6: Vaso subgeometrico con decorazione stilizzata di "gallinacei", caratteristica della produzione peuceta di Monte Sannace presso Gioia del Colle (BA)

Figura 7: *Interfaccia grafica della home del videogioco Hold The Hut*

La capanna è stata caricata sul camion: per sollevarla è stata usata una gru dotata di un braccio che si estende fino a 60 metri. È stata un'operazione complessa e di grande precisione.

Figura 8: *Schermata secondo episodio: modello 3D interattivo relativo alla fase di spostamento del reperto*

Figura 9: Schermata dell'episodio in realtà Aumentata all'interno della struttura protettiva del reperto

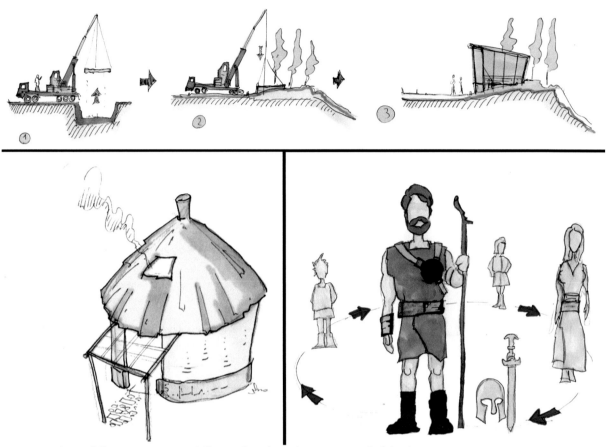

Figura 10: Alcune delle immagini tratte dallo storyboard per il concept iniziale del videogioco

A video game for the Archaeological Park of Poggibonsi (Italy). Towards new promotional and educational trends: potentials, challenges, and perspectives

Samanta Mariotti*

*Università degli Studi di Siena

Abstract: In recent decades, digital technologies have pervaded every aspect of the production of archaeological knowledge, from data collection to their analysis and interpretation, to interaction with the public. The increasing convenience of 3D, interactive technologies and digital devices has led to a proliferation of digital tools (VR, AR, mobile applications), used to communicate the past. In this context, video games have proved to be powerful instruments for improving cultural activities, and at the same time, they represent new paradigms for enhancing the diffusion and acquisition of the cultural message. Moreover, they can be seen as the manifestation of experiential learning theory: they provide motivation and a unique informal learning environment in which their interactive nature allows for an immersive experience with which a deeper level of personal and historical learning can potentially be reached than in more formal settings. Given these premises, in this paper, I will illustrate an ongoing project concerning the presentation of the Archaeological and Technological Park and Fortress of Poggio Imperiale in Poggibonsi (Siena, Italy) and underline how and why the design of a serious game for this specific site – and in this specific time of global pandemic – is to be considered as the last fragment of a very long and precise project aiming at enforcing a multi-level public outreach and heritage enhancement strategy on the site.

Keywords: Video Games, Archaeological Data Communication, Game-Based Learning, Heritage Enhancement, Public Engagement

Introduction

The presentation of archaeological sites is a central topic in public archaeology and heritage studies (Copeland 2014; Smith 2006). In the last decades, modern computer technology applied to the study, the preservation and the presentation of sites and cultural heritage, in general, has gained increasing interest (Hugget 2019; Morgan 2019). Archaeologists have been experimenting with digital data for a long time. The main reason for this 'curiosity' is the nature of the cognitive process related to the discipline: the stratigraphic excavation method, in fact, requires the destruction of the stratigraphy, hence the importance of tracking the information obtained to recover and interpret any data even after a long time. Moreover, the archaeological record is often difficult to read and to explain to a non-specialist. Digital technologies have been helping archaeologists to fill the communication gap between the traces of the past and their potential publics, a necessity that has gained more and more importance through the years (Mariotti 2021). At the same time, over the last few years, the use of new technologies has grown exponentially, permeating every aspect of everybody's lives. It has consequently also affected the way different communities around the world experience heritage (Bonacchi 2007). In the last decades, researchers have also witnessed the increasing use of games to support cultural heritage promotion, such as historical knowledge learning and teaching, or promoting museums and sites tourism (Anderson *et al.* 2010). It is not a coincidence that video games, or better, serious games, are a growing concern in academic research and present a considerable attraction for archaeologists who wish to present their research in a media format that can incorporate multiple perspectives, compelling narratives, and 3D representation to audiences that may not be engaged with other forms of academic literature or media regarding archaeology (Ariese *et al.* 2021; Hageneuer 2020; Mol *et al.* 2017; Politopoulos *et al.* 2019a; Reinhard 2018).

This contribution aims at presenting the ongoing design of an educational video game developed in the framework of the CAPI project (acronym for Collina Accessibile di Poggio Imperiale – Making Accessible the Poggio Imperiale Hill) whose aim is the virtual enhancement of the archaeological heritage of Poggibonsi (Siena, Italy). What is extraordinary in this case study is not only the nature of the site (an archaeological context spanning from Late Antiquity to the First Renaissance period) but also the very clear intentions in terms of public outreach and technological experimentation that characterized the excavation project since its initial phases in the 1990s (Francovich and Valenti 2007). In this perspective, the early stages of the video game project dedicated to the hill of Poggibonsi will be illustrated. Moreover, it will be argued in what way the choice of exploiting the benefits of a video game is consistent with the past and current experience at the Poggibonsi park and how it will enhance this social and cultural space experimenting with an innovative communication approach that promotes interaction with people and contamination with other disciplines, languages, and educational tools.

Project overview: from the excavation to the video game

Historical background

The toponym Poggio Imperiale identifies an extensive hilltop located west of the town of Poggibonsi (Siena, Italy). It is a surface area of about 12 hectares enclosed by the monumental structures of a fortress commissioned by Lorenzo the Magnificent to the architect Giuliano da Sangallo and never completed (Fig. 1).

The hill preserves tangible archaeological evidence covering more than a millennium: from Late Antiquity to the first Renaissance period. Founded between the late 5th and 6th centuries AD, the first settlement was abandoned during the second half of the 6th century AD. In the Lombard period a village of huts emerges before it was transformed into a *curtis* dating to the 9th century AD. After another period of abandonment, in 1155 AD Count Guido Guerra launched an ambitious project to build on the hill the new structures of the city of *Podium Bonizi* – Poggio Bonizio with the aim of creating an outpost against the expansionistic ambitions of the city of Florence. This is one of the most prosperous times for the site: the large economic investment transformed the castle in a settlement that looked like a city to a point that in 1185 AD, under the Emperor patronage, it also became a municipality with political officials. The development of the settlement was attested for the first half of the 13th century AD also encouraged by the passage of the Via Francigena: the identified material culture (i.e. coins from various Italian and even French and Spanish sites) shows wide-ranging business contacts and economic prosperity as well as traces of many manufacturing and trading activities (Francovich and Valenti 2007; Valenti and Causarano 2011). This prosperous period came to an end in 1270 AD when Guido di Montfort besieged Poggio Bonizio and the city was completely destroyed. In 1313 AD, Emperor Arrigo VII choose the site to build a new city, Monte Imperiale, which had to become the symbol of the imperial power in Italy. Unfortunately, this ambitious plan was disrupted by the sudden death of the Emperor which led to the consequent total destruction of the site perpetrated by the Florentine troops. As already mentioned, the failed attempt of completing the building of a fortress on the site was the last organized intervention on the hill. When the power lost interest in this territory, what remained of the settlement continued on the valley.

The archaeological research, the Park, and the Open-Air Museum

Since 1993 a systematic archaeological investigation on the hill was carried on by the University of Siena for several years, until 2009, for a total of 46 months of work, a rotation of over 1000 archaeologists, and the exploration of almost two hectares of land (Francovich and Valenti 2007; Valenti 2019). The archaeological research was immediately marked by a very clear and strong spirit of experimentation and innovation, combining unprecedented investigation strategies with the resources made available by the new technologies that allowed the digitalization of all the excavation data. The excavation project has been the first and for many years the only Italian, if not European, fully digitalized archaeological investigation through a GIS platform made of an articulated system of archives and containing the whole set of data (from the preliminary survey to the single stratigraphic unit). Moreover, the use of the GIS platform allowed the development of new methodologies and interpretation of the records and the planning of both the expansion of the excavation and its future fruition (Francovich and Valenti 2000).

The established collaboration for the excavations between the Municipality of Poggibonsi and the University of Siena continued in the next phase: the development of the Archaeological and Technological Park that was inaugurated in September 2003. It included both the archaeological area (the whole space was secured, informative panels were placed, and different thematic itineraries indicated) and the citadel of the renaissance fortress that became the location for the exhibition of the finds, the development of research projects, international congresses, promotional activities, etc. The objective of the park was very ambitious: develop advanced technology for archaeological heritage investigation, preservation, and promotion; become the cultural core of Poggibonsi and engage the local community through heritage enhancement; create a positive effect on the economic and social dynamics of the area.

After a period of difficulties caused by the worldwide economic crisis, with the support of the new municipal administration, two main accomplishments involved the hill of Poggibonsi: in 2017 the archaeological excavations started again (after an eight-years break), and before, in 2014, a proactive and innovative project had kicked off, based on a complete reconsideration of the approaches towards the public. Taking up an old idea of the 1997 park master-plan, archaeologists started to set up an open-air museum centred on the 9th-10th century AD village and its settlement structures (Valenti 2015; Valenti 2016; Valenti and Salzotti 2017). The Poggibonsi Archaeodrome is a project that pursues an in-progress full-scale reconstruction of the 17 structures found during the excavation of the Carolingian Age village.

Nowadays, those who visit the Archaeodrome can meet the archaeologists/re-enactors engaged in multiple activities within the settlement (Fig. 2). Visitors can 'disturb' the villagers, ask them information about what they are doing, or directly try to use their tools (Valenti and Salzotti 2017). The 'Archaeodrome experience' allows people (from children to adults) to learn while having fun, getting in direct contact with the materiality of history by living and experimenting with it in the spirit of the 'learning by doing approach'. In this way, it becomes possible to effectively communicate scientific data produced by archaeological investigations, often combining them with historical facts to provide a complete picture of the represented world. That's why the archaeologists also interpret narrative roles, following storytelling techniques.

As discussed by Cerquetti (2018), the achievements of this work are consistent with the efforts: the Archaeodrome project has become the pull of tourism for Poggibonsi.

The CAPI project

The CAPI project comes, as we have seen, after more than 20 years of research, experimentation, public enhancement, and successful outcomes in pursuing the democratization of archaeology and the past by breaking down linguistic, cultural, and economic borders. It represents the last step of a very long journey in which the scientific rigor of the archaeological data together with the experimentation of new tools, technologies, and languages has been the essential core of every action. It expresses, one can say, the additional experimentation proper of these times in which immersive technologies such as virtual environments and augmented reality, but also video games began to be implemented in public outreach strategies. Translating the archaeological materiality into digital and immersive applications, testing a promising new tool in a context such as Poggibonsi where data are rigorous and there is always space for experimenting, represent both a challenge and a great opportunity.

Theoretical framework: video games & archaeology

According to the last reports shared by the Entertainment Software Association, 2020 was a record-breaking year for the US video game industry, with total video game sales exceeding $ 57 billion (Entertainment Software Association 2020). Things are not very different if we focus on Europe: the size of the European video gaming industry reached € 21.6 billion in 2020 (Interactive Software Federation of Europe 2020). According to the most recent report (Italian Interactive Digital Entertainment Association 2020), Italian trends mirror these growth forecasts: in 2020 the industry turnover (including physical and digital hardware and software) was € 2.179 billion with an exceptional growth of 21.9% compared to 2019. Moreover, a very recent survey (Creative Keys 2020) shows that, during the lockdown caused by the COVID-19 pandemic, video games were amongst the tools cultural institutions used to engage with their public. According to the study, people who played serious games linked to a cultural institution stated that: they have the perception of having learnt something (78%), they enjoyed that time (85.8%), they were encouraged to try other digital games with cultural content (81.1%), and more than half of them (54.4%) confirmed their willingness to visit those sites or museums in the future.

In recent years we have witnessed the introduction of video games to support cultural heritage purposes, such as historical teaching and learning, or for enhancing archaeological sites and museum visits. The main reason is that this tool has the potential to be very adaptive and to allow a wide range of possibilities. Several studies have shown the efficacy of video games in dissemination and education, revealing improvements in learning achievements (Faiella and Ricciardi 2015; Mortara *et al.* 2014; Read 2015), public outreach activities (Mariotti 2021) and touristic outcomes (Dubois and Gibbs 2018; Sajid *et al.* 2018).

Heritage institutions have been experimenting with these tools for quite some time as part of their efforts at greater democratization, opening up to diverse communities and inviting different viewpoints and interpretations of their sites and collections. In the last decades, researchers have witnessed the increasing use of games to support cultural heritage promotion, such as historical knowledge learning and teaching, or promoting museums and sites tourism (Anderson *et al.* 2010). The majority of architectural and cultural heritage awareness games either offer an immersive, realistic reconstruction of reallocation to appreciate and learn the artistic, architectural, or values of cultural heritage sites or provides an engaging method to persuade users into the real experience (Mortara and Catalano 2018). As Khan *et al.* (2020) state, museums, as well as highly cultural heritage attractions, are multi-functional services whose mandates commonly comprise a variety of objectives and are usually considered as being informal education and training sites and have been broadly recognized for their ability to promote the development of interest, motivation, enthusiasm, general openness, alertness and eagerness to learn and cultural awareness.

What Watrall (2002) stated back 20 years ago with respect to the US situation applies nowadays for Italy too: in fact, the quite recent development of institutionalized public archaeology programs has had the potential not only to face the interactive entertainment industry's increasing encroachment into archaeology but also to change the sentiments that many archaeologists hold toward interactive entertainment (Mariotti 2020). Since a serious game in the archaeological heritage field cannot ignore the domain experts who select the educational contents and provide scientific validity and reliability, this field of research is becoming more and more appreciated also by academics, often in collaboration with private companies (Mariotti 2021). There needs to be a new breed of archaeologists who take an active participatory role, as consultants, developers, and writers. This is an ethical responsibility, as Watrall stated, but also a very stimulating possibility for archaeologists who are interested in exploring new ways to engage the public, share their research and promote archaeological sites and knowledge: actually, this kind of new interdisciplinary professional profiles can take up the challenge and, through video games, create a brand new set of opportunities for professionals and cultural and archaeological heritage. By doing so, archaeologists can also have the chance to explore how and why creating and communicating through serious games might provide powerful new ways to think about, do, and present the past.

Methodology and preliminary results: from archaeological to playable data

The workflow adopted for the video game project started with a 3D survey of the hill through the use of a drone and the subsequent elaboration of the photographs in Agisoft Metashape to obtain the model of the terrain and the correct position of archaeological evidence and of the open-air museum structures. Next, the 3D models of the single huts and of the terrain have been imported in Unity 3D to facilitate the modelling of the structures in the environment where the video game will be created with the support of Entertainment Game Apps, Ltd (Fig. 3). An additional survey was conducted to obtain high resolution photos of structures and remains' materials and use them as textures for the 3D models. At the same time, the character modelling kicked off with the precise intention of designing them on the basis of the real characters played by the archaeologists during the re-enactment events so that users could easily identify them and find a counterpart if they visit the open-air museum (Fig. 4).

As regards to the narrative aspects and the creation of the story for the video game, the main sources for the archaeological content were the great number of publications dedicated to the site and to the interpretation of the great amount of data emerging from the excavation. The video game will have three different levels which will illustrate the selected three main periods of the site and the relative themes: the first level will be dedicated to the early medieval village and the inhabitants' main occupations and daily life; the second level will be dedicated to the castle of Poggio Bonizio that flourishes due to the passage of the Via Francigena; the last level will be dedicated to the last phase of the site and it concerns the building of the renaissance fortress commissioned by Lorenzo il Magnifico of the Medici family.

From a narrative point of view, the creation of a story and the insertion of an educational content required a great effort. The risk, especially when, as archaeologists we are used to explaining things in a very precise way, is always to be too didactic. As Copplestone (2017) underlines, this would be a major mistake since a video game is a medium that requires a specific language that allows players to explore, discover things on their own and create their knowledge. This doesn't mean that historical accuracy must be set aside, indeed it should be the subject that produces the development of the game without becoming the whole point. The storyline of the narrative framework is developed on the basis of a major quest: players will be engaged in the adventure and solving the quest will represent the 'excuse' for a full immersion in the past scenarios. In addition, a multiple-choice narrative was applied to engage the users in a more interactive way. During the interactions with other characters, the player will have the opportunity to select between two or three different options each time. Each option will create a different outcome and produce also different reactions in the other characters. This choice ensures a deeper immersion in the themes we want to present and a more complete comprehension and experience of how it was living during these three periods. Moreover, additional information will be provided by some info points that players can access at their discretion. The idea is to give them the opportunity to play freely but, at the same time, to provide additional info that could help them in case they don't know how to advance in the game or if they are interested in knowing more about a specific object or activity pretty much as players can do while exploring the environment in the Discovery Tours developed by Ubisoft for some of the Assassin's Creed episodes i.e. Origins, Odyssey, and Valhalla (Poiron 2021; Politopoulos *et al.* 2019b).

The choice of providing a realistic representation of how the site would have appeared in the past (or better, how the archaeologists who have been excavating the site think it would have appeared) depends on the scientific approach adopted in many decades of research and it is based on the analysis of the remains, the examination of material culture and the great amount of comparisons with other international case studies (Fig. 5). This approach is consistent with the research group efforts in democratizing the archaeological record, in allowing everyone to know about the past of the hill and benefit from experience and authenticity, in and off-site, contributing to enlarge the current cultural offer of the park.

The main objective of the video game developed for the CAPI project is the creation of an educational tool for both students and adult visitors. We wanted to create a digital game that could also be used to prepare the visit, to assess the knowledge of the students after the visit, and help them to revise and better fix information. Moreover, it could also be used in particular circumstances as an alternative to the visit, in case of bad weather or any other inconvenience. Next, in terms of public outreach, it aims at engaging a larger audience, including those types of visitors often little interested in cultural activities (especially teenagers) or those for which interfacing with a game can represent an incentive. Last but not least, the CAPI project video game will offer the opportunity to exploit the touristic driver potential of this tool: with the implementation of specific mechanics, the game will be linked to the real environment and players will be encouraged to visit the site to unlock additional options and further features.

Future developments

The main objective for the video game development at this stage is to complete the 3D modelling of the structures, the characters, and all the graphical details for all the three levels, and then move to the programming phase. In particular for the second level, the modelling of the houses of Poggio Bonizio will be quite challenging: differently from the first level, we don't have a physical reconstruction of the structures as they might have appeared in the twelfth and thirteenth century, the only remains are a few rows of stone blocks. The open-air museum in its material manifestation required the setting of the first level of the game to be its digital representation: as people can explore the huts and meet the village inhabitants for real, our aim was to allow the video game players to do the same virtually and off-site. This occurrence raised the bar and encourage us to project a similar accuracy in the design of the other two levels, even if, especially for the second period we selected, we don't have a similar material asset to rely our reconstructions on. However, many hypothesis have been made and a set of reconstructions had already been prepared by InkLink for the main publication of the site.

Many other challenges await the end of the project when a beta version of the video game – planned for spring 2022 – will be concluded (it will probably take some time to have a stable version with all the bugs fixed and a well-functioning workflow). A very interesting analysis at that point would include a rigorous assessment of the game and its educational and dissemination potentials even regarding the opportunity of using it as an educational tool for scholarly archaeology (Houghton 2021) to present and discuss with the students the outcomes of a long-lasting research and the many historic themes addressed.

Conclusion

A favourite reference among game studies and educational technology scholars is a line often attributed to Marshall McLuhan, that says "anyone who tries to make a distinction between education and entertainment doesn't know the first thing about either". McLuhan (1957) firmly believed that it is misleading to suppose there is any basic difference between education and entertainment since education needs to be entertaining and entertainment needs to be educational to be successful. Video games have proved to be a very promising tool in this sense to the extent that academic research has started to acknowledge them as tools that can meet archaeological aims and so, represent an extraordinary medium for archaeological heritage dissemination and enhancement. The CAPI video game project has been consistent with these principles since its early stages and it will definitely represent an important step toward a more defined approach to both the design of a video game for an archaeological context and the assessing of strategies, objectives, and measurable outcomes from an experimental perspective.

Bibliography

Anderson, E. F., L. McLoughlin, F. Liarokapis, C. Peters, P. Petridis and S. de Freitas 2010. Developing serious games for cultural heritage: a state-of-the-art review. *Virtual Reality* 14: 255–275. https://doi.org/10.1007/s10055-010-0177-3.

Ariese, C.E., K.H.J. Boom, B. van den Hout, A.A.A. Mol and A. Politopoulos (eds.) 2021. *Return to the Interactive Past. The Interplay of Video Games and Histories*. Leiden: Sidestone Press.

Bonacchi, C. 2017. Digital media in public archaeology, in G. Moshenska (ed.) *Key Concepts in Public Archaeology*: 60-72. London: UCL Press.

Cerquetti, M. 2018. The Importance of Being Earnest. Enhancing the Authentic Experience of Cultural Heritage Through the Experience-Based Approach, in T. Pencarelli and F. Forlani (eds) *The Experience Logic as a New Perspective for Marketing Management. From Theory to Practical Applications in Different Sectors*: 149-168. Cham: Springer. https://doi.org/10.1007/978-3-319-77550-0_8.

Copeland, T. 2014. Presenting Archaeology to the Public: Constructing Insights On-Site, in N. Merriman (ed.) *Public Archaeology*: 132-143. New York: Routledge.

Copplestone, T.J. 2017. Designing and Developing a Playful Past in Video Games, in A.A. Mol, C.E. Ariese-Vandemeulebroucke, K.H.J. Boom and A. Politopoulos (eds.) *The Interactive Past: Archaeology, Heritage, and Video Games*: 85-97. Leiden: Sidestone Press.

Creative Keys 2020. Fruizione culturale in un click? Come il pubblico ha reagito alle proposte di fruizione culturale durante il lockdown e quali prospettive future, viewed 12 November 2021, <https://bit.ly/3nmaj0a>.

Dubois, L.E. and C. Gibbs 2018. Video game–induced tourism: a new frontier for destination marketers. *Tourism Review* 73(2): 186-198. https://doi.org/10.1108/TR-07-2017-0115.

Entertainment Software Association 2020. 2020 Essential Facts About the Video Game Industry, viewed 12 November 2021, <https://bit.ly/3HjVjLw>

Faiella, F. and M. Ricciardi 2015. Gamification and learning: A review of issues and research. *Journal of E-Learning and Knowledge Society* 11(3): 13-21. https://doi.org/10.20368/1971-8829/1072.

Francovich, R. and M. Valenti 2000. La piattaforma GIS dello scavo e il suo utilizzo: l'esperienza di Poggibonsi, in G.P. Brogiolo (ed.) *II Congresso Nazionale di Archeologia Medievale*: 14-20. Firenze: All'Insegna del Giglio.

Francovich, R. and M. Valenti (eds.) 2007. *Poggio Imperiale a Poggibonsi. Il Territorio, lo Scavo, il Parco*. Milano: Silvana Editoriale.

Hageneuer, S. (ed.) 2020. *Communicating the Past in the Digital Age Proceedings of the Inter-national Conference on Digital Methods in Teaching and Learning in Archaeology (12-13 October 2018)*. London: Ubiquity Press. https://doi.org/10.5334/bch.

Houghton, R. 2021. Scholarly History through Digital Games: Pedagogical Practice as Research Method, in C.E. Ariese, K.H.J. Boom, B. van den Hout, A.A.A. Mol and A. Politopoulos (eds.) *Return to the Interactive Past*: 137-155. Leiden: Sidestone Press.

Huggett, J. 2019. Resilient scholarship in the digital age. *Journal of Computer Applications in Archaeology* 2(1): 105–19. https://doi.org/10.5334/jcaa.25.

Interactive Software Federation of Europe 2020. Key Facts 2020, viewed 12 November 2021, <https://bit.ly/2L1DuZn>

Italian Interactive Digital Entertainment Association 2020. I videogiochi in Italia nel 2020. Dati sul mercato e sui consumatori, viewed 12 November 2021, <https://bit.ly/3dGZFPN>.

Khan, I., A. Melro, A.C. Amaro and L. Oliveira 2020. Systematic Review on Gamification and Cultural Heritage Dissemination. *Journal of Digital Media & Interaction* 3(8): 19-41. https://doi.org/10.34624/jdmi.v3i8.21934.

Mariotti, S. 2020. What if "Lara Croft" Becomes a Video Game Designer? When Archaeologists "Dig" Serious Games, in I. Marfisi-Schottman, F. Bellotti, L. Hamon and R. Klemke (eds) *Games and Learning*

Alliance. GALA 2020. Lecture Notes in Computer Science 12517. Cham: Springer. https://doi.org/10.1007/978-3-030-63464-3_37.

Mariotti, S. 2021. The Use of Serious Games as an Educational and Dissemination Tool for Archaeological Heritage. Potential and Challenges for the Future. *magazén* 2(1): 119-138. http://doi.org/10.30687/mag/2724-3923/2021/03/005.

McLuhan, M. 1957. Classroom without walls, in E. Carpenter and ;. McLuhan (eds) *Explorations in Communication*: 1-3. Boston, MA: Beacon Press.

Mol, A.A., C.E. Ariese-Vandemeulebroucke, K.H.J. Boom and A. Politopoulos (eds.) 2017. *The Interactive Past. Archaeology, Heritage, and Video Games.* Leiden: Sidestone Press.

Morgan, C. 2019. Avatars, monsters, and machines: A cyborg archaeology. *European Journal of Archaeology* 22(3): 324–37. https://doi.org/10.1017/eaa.2019.22.

Mortara, M. and C.E. Catalano 2018. 3D Virtual environments as effective learning contexts for cultural heritage. *Italian Journal of Educational Technology* 26(2): 5-21. https://doi.org/10.17471/2499-4324/1026.

Mortara M., C.E. Catalano, F. Bellotti, G. Fiucci, M. Houry-Panchetti and P. Petridis 2014. Learning cultural heritage by serious games. *Journal of Cultural Heritage* 15(3): 318-25. http://dx.doi.org/10.1016/j.culher.2013.04.004.

Nardini, A. 2000. La piattaforma GIS dello scavo di Poggio Imperiale a Poggibonsi. Dalla creazione del modello dei dati alla loro lettura. *Archeologia e Calcolatori* 11: 111-123. http://www.archcalc.cnr.it/indice/PDF11/1.07 Nardini.pdf

Poiron, P. 2021. Assassin's Creed Origins-Discovery Tour: A Behind the Scene Experience. *Near Eastern Archaeology* 84(1): 79–85.

Politopoulos, A., C. Ariese, K. Boom and A. Mol 2019a. Romans and Rollercoasters: Scholarship in the Digital Playground. *Journal of Computer Applications in Archaeology* 2(1): 163–175. http://doi.org/10.5334/jcaa.35.

Politopoulos, A., A.A.A. Mol, K.H.J. Boom and C.E. Ariese 2019b. "History Is Our Playground": Action and Authenticity in Assassin's Creed: Odyssey. *Advances in Archaeological Practice* 7(3): 317–323. https://doi.org/10.1017/aap.2019.30.

Read, J.C. 2015. Serious games in education. *EAI Endorsed Transactions on Serious Games* 2(6): 1-5. http://dx.doi.org/10.4108/eai.5-11-2015.150614.

Reinhard, A. 2018. *Archaeogaming: An Introduction to Archaeology in and of Video Games.* New York/Oxford: Berghahn Books.

Sajid, M.J., Q. Cao, L. Xinchun, M.A. Brohi and M.F. Sajid 2018. Video Gaming a New Face of Inducement Tourism: Main Attractors for Juvenile Gamers. *International Journal for Social Studies* 4(5): 52-6.

Smith, L. 2006. *Uses of Heritage.* New York: Routledge.

Valenti, M. 2015. Archeodromo di Poggibonsi: tra Archeologia Pubblica e Valorizzazione. *Bullettino Senese di Storia Patria* CXXII: 215-241.

Valenti, M. 2016. "We invest in Public Archaeology". The Poggibonsi Archaeodrome project: an alliance between people, Municipality and University. *Post Classical Archaeology* VI: 333-346. http://www.postclassical.it/PCA_Vol.6_files/VALENTI_PCA6.pdf.

Valenti, M. 2019. *L'Archeodromo di Poggibonsi. Un Viaggio nell'Alto Medioevo*. Bari: Edipuglia.

Valenti, M. and M.A. Causarano 2011. La fondazione di Poggio Bonizio sulla via Francigena: evidenze materiali e struttura urbanistica, in A. De Martinis and P. d'Orsi (eds.) *Le Vie della Cultura. Il ruolo della Province Europee nella valorizzazione dei percorsi storici di pellegrinaggio*: 81-87. Firenze: All'Insegna del Giglio. http://digital.casalini.it/10.1400/183811.

Valenti, M. and F. Salzotti 2017. For a participatory culture: the experience of Archeòtipo srl and the Poggibonsi Archaeodrome (Italy, prov. Siena), in M. Cerquetti (ed.) *Bridging Theories, Strategies and Practices in Valuing Cultural Heritage*: 243-259. Macerata: Edizioni Università di Macerata.

Watrall, E. 2002. Digital pharaoh: archaeology, public education, and interactive entertainment. *Public Archaeology* 2(3): 163–9.

Figure 1: Poggio Imperiale hilltop overlooking the town of Poggibonsi

Figure 2: Archaeologists engaged in a re-enacting activity at the Open-Air Museum

Figure 3: 3D modelling in Unity 3D environment

Figure 4: 3D model of one of the Carolingian Age village characters

Figure 5: The philological reconstruction of the wooden granary on elevated platform. The postholes identified during the excavation and the hypothetical reconstruction (left); the reconstructed structure at the Open-Air Museum (topcentre); the photogrammetric model (bottom-centre); the 3D model in Unity 3D (right)

Archeodromo di Poggibonsi: un futuro "materiale" e "virtuale"

Tavola rotonda

Stefano Bertoldi (SB) moderatore - L'esperienza dell'Archeodromo soprattutto nella sua fase realizzativa, ma anche ovviamente in quella progettuale, ha basato il suo punto di forza proprio sulla materialità, sull'offrire al pubblico un'esperienza tangibile e immersiva a livello multisensoriale - e quando parlo di livello multisensoriale intendo veramente di tutti i cinque sensi: penso chiaramente al tatto, penso ai rumori delle attività quotidiane del villaggio carolingio, penso agli odori e ai sapori. Il progetto CAPI - Collina Accessibile di Poggio Imperiale si discosta apparentemente da questa impostazione che di fatto ha sancito l'enorme successo di pubblico dell'Archeodromo stesso.

Discuteremo di questo e di altri temi in questa tavola rotonda a cui partecipano: Marco Valenti, professore di Archeologia Cristiana e Medievale dell'Università degli Studi di Siena, direttore scientifico dell'Archeodromo e del progetto CAPI; Nicola Berti, vicesindaco del Comune di Poggibonsi e assessore alle politiche culturali e sport; Federico Salzotti, presidente di Archeòtipo s.r.l.; Maurizio Amoroso, fondatore e amministratore delegato di Entertainment Game Apps (EGA). Archeòtipo ed EGA sono due dei co-finanziatori del progetto e partner indispensabili per il lavoro di ricerca e sviluppo che stanno portando avanti il sottoscritto e Samanta Mariotti come assegnisti di ricerca dell'Università degli Studi di Siena per il Dipartimento di Scienze storiche e dei beni culturali.

In questa prima parte della tavola rotonda vorrei soffermarmi su questo dualismo materiale/virtuale, sulle politiche culturali dell'Archeodromo e di come possono essere coniugati insieme questi approcci apparentemente, appunto, antitetici.

Marco Valenti (MV) – Inizio col dire che secondo me non sono assolutamente antitetici. Nonostante il fatto che per costruire l'Archeodromo ci siamo "buttati" sull'analogico a tutto tondo, cioè sulla ricostruzione materiale del villaggio che era l'unico modo, a mio parere, serio e tangibile di far vedere l'invisibile alle person; ovvero come dallo scavo di buche, tagli e depositi si sia arrivati a ricostruire come dovessero essere fatte quelle strutture, che di certo monumentali non erano. In realtà tutto il nostro approccio, questo doppio binario operativo che tiene di conto materiale e virtuale, era già presente fin dall'inizio all'interno del Laboratorio di Informatica Applicata all'Archeologia Medievale (LIAAM), che è stato fra i gruppi di ricerca precursori in Italia di quella che è conosciuta come informatizzazione digitale in archeologia. Gruppo di ricerca, quello del LIAAM, che ha da sempre basato il proprio lavoro sulla libertà dell'informazione e la democratizzazione del dato di cui oggi ho sentito parlare più volte. Abbiamo cominciato alla fine degli anni 90, nel 2000 e negli anni successivi eravamo fortemente attivi sul digitale, sulle ricostruzioni. Non abbiamo mai smesso di farle o di lavorarci. Quindi il progetto CAPI è fondamentalmente una sorta di "ritorno al futuro" perché in realtà è l'altra costola operativa che abbiamo sempre avuto e che stiamo rimettendo in funzione in maniera più visibile. Non vedo questo progetto come una prosecuzione o come un'evoluzione: lo vedo come un doppio binario che va avanti da sempre.

Maurizio Amoroso (MA) – Permettetemi di fare una piccola considerazione dal punto di vista puramente aziendale. Io vedo questo progetto come un'opportunità incredibile, lo considero un investimento per il futuro proprio dal punto di vista produttivo. È chiaro che per realizzare un gioco c'è bisogno di diverse competenze, dalla programmazione all'ottimizzazione degli aspetti grafici, insomma, tutto quel comparto tecnico che abbiamo all'interno di Entertainment Game Apps e che stiamo mettendo a disposizione del progetto CAPI. Si tratta per noi di un'opportunità anche per poter finalmente mettere un punto fermo nell'affermare che i videogiochi possano effettivamente dare una mano a sostenere quella che è la parte attrattiva culturale ma anche turistica di un posto che magari è poco conosciuto o è conosciuto in certi ambiti e non in altri. Il videogioco è uno strumento democratico che può raccontare un sito o un qualsiasi aspetto culturale, magari con toni più "leggeri" e alla portata di tutti, anche di un pubblico diverso rispetto a quello che normalmente si vede in visita alla collina di Poggibonsi.

Sono sicurissimo che questo progetto ci darà tante soddisfazioni anche una volta finito, perché noi stiamo pensando anche a quello che è un po' il problema fondamentale del nostro mestiere che risiede nell'assicurare una sostenibilità nel tempo a questi progetti. Sappiamo bene che fin tanto che ci sono i soldi che per realizzarli, si va avanti perseguendo un obiettivo comune, ma poi quando i soldi finiscono si pone presto un altro problema: come facciamo a sostenerlo nel tempo? Come facciamo a fare in modo che questo progetto dia frutti anche dopo che è finito il finanziamento pubblico? E questo è un punto critico che andrà poi affrontato. Ci sarà sicuramente occasione di aprire un tavolo di discussione. Noi, come azienda, abbiamo già delle idee, abbiamo in mente delle possibili strade da percorrere, per cui questo progetto nella nostra ottica è comunque un'opportunità e un investimento per il futuro.

SB – Questo è un aspetto molto importante. La possibilità di autofinanziarsi e di far sì che un progetto sia in grado di sostenersi e muoversi con le proprie gambe è un tema che si è fatto via via più attuale. Probabilmente, reduci dalla crisi del 2008, oggi siamo molto più sensibili su questi temi, più pronti ad analizzarli. Prima eravamo più portati a pensare che in qualche modo avremo fatto. In realtà, ci siamo accorti che sono aspetti su cui dobbiamo riflettere a fondo e abbiamo anche capito quanto sia indispensabile affrontare questo problema fin da subito, progettando un modello di business a lungo termine.

Vorrei adesso una considerazione da parte di Nicola Berti per conto del Comune di Poggibonsi sugli aspetti politici e sulla scelta di investire - perché di investimento si tratta e non di spendere soldi nella cultura – da un lato materialmente e fisicamente nell'Archeodromo e dall'altro, nel sostegno al progetto CAPI, con questo approccio complementare di valorizzazione virtuale del contesto archeologico storico e culturale di tutta una fortezza.

Nicola Berti (NB) – Nel caso del Comune, questa è ormai una scelta che viene da lontano. Il professor Valenti lo ricorda sempre quando ripercorre la storia della la collina: siamo di fronte a una scelta di valorizzazione e di riscoperta di un patrimonio storico culturale di cui la nostra città aveva bisogno e di cui sentiva la necessità. Si tratta di un percorso che ha avuto negli anni fasi alterne: naturalmente fasi di grande slancio come quella iniziale, fasi un po' più interlocutorie come quella della passata legislatura, e ora questa - che vede me rivestire il ruolo di assessore alla cultura pro tempore - in cui l'amministrazione vuole continuare ad investire in tal senso. Chiaramente un'amministrazione intraprende un percorso del genere innanzitutto se percepisce che la città ha questa necessità, ma lo fa anche se ciò che viene proposto è un progetto che ha una rilevanza storico scientifica tangibile, di peso e che magari indaga anche mettendo in campo soluzioni innovative e fino ad oggi inesplorate. In questo impegno che l'amministrazione ha voluto prendersi è incluso tutto il processo di valorizzazione della collina di Poggio Imperiale, il progetto di realizzazione ancora non terminata del nostro Archeodromo e, come progetto parallelo, anche il progetto CAPI – Collina Accessibile di Poggio Imperiale con i due filoni legati alla realizzazione da un lato di tour virtuali e audioguide che poi saranno messe a disposizione dei fruitori del parco e dall'altro di soluzioni videoludiche per sondare ancora nuovi sentieri. Ci è sembrato da subito un progetto interessante e innovativo che volevamo appoggiare e sostenere. L'obiettivo di fondo, come diceva il professor Valenti, è fare in modo che chiunque venga messo nelle condizioni di "vedere" quello che vede un archeologo in una serie di buchi di palo, in un reperto, nelle tracce lasciate da una palizzata che noi non percepiamo ma che lì c'era e che quindi noi abbiamo il dovere, non solo l'interesse ma anche il dovere, di capire, di conoscere, di valorizzare e magari anche provare a toccare, se non con le mani, almeno con gli occhi.

SB - Un altro aspetto che deve essere sottolineato è la differenza tra "spendere soldi per salvaguardare e valorizzare il patrimonio" che non dico che sia sbagliato, e l'obiettivo dell'intera operazione riguardante l'Archeodromo. Va rimarcato il fatto che in questo caso si tratta di un vero e proprio investimento, perché la direzione scientifica di Marco Valenti e l'impostazione del Comune hanno come obiettivo quello di fare in modo che l'Archeodromo di Poggibonsi e tutto il contesto della fortezza siano un volano di sviluppo per la città oltre che strumenti in grado di avere una ricaduta economica sulle attività commerciali locali.

NB - Assolutamente sì, l'idea che ci guida è proprio questa: noi investiamo non solo perché è giusto a prescindere investire in cultura. Noi vogliamo provare a creare un altro settore di economia che questa città fino ad oggi non aveva sfruttato, ovvero l'economia della cultura, l'economia del turismo. E stiamo operando affinché questo processo vada a regime perché porti beneficio al parco, che così viene fruito, e perché si possano creare posti di lavoro, perché la cultura può e deve creare posti di lavoro. Stiamo anche lavorando non solo perché l'Archeodromo e tutti gli altri progetti che ruotano attorno a esso siano un fulcro benefico per la città di Poggibonsi ma perché diventino uno dei fulcri di un territorio più vasto comprendente l'intero comprensorio turistico dei comuni della provincia di Siena. Proprio in questi giorni stiamo progettando possibili interventi congiunti in attesa che l'Europa attraverso il recovery found ci dia una mano. Io credo che su quelle linee di intervento ci saranno misure specifiche anche per luoghi di interesse come il nostro e come altri. Serve chiaramente mettersi al lavoro con l'idea che finenziare tali progetti significa investire in posti di lavoro e in un rilancio dell'economia.

SB – Chiedo a questo punto anche a Federico Salzotti una considerazione sugli aspetti relativi all'Archeodromo in termini di "materialità" e "immaterialità".

Federico Salzotti (FS) – Noi, come Archeòtipo, ci occupiamo della gestione delle attività didattiche culturali divulgative del parco e dell'Archeodromo e da questo punto di vista abbiamo varie linee di intervento: abbiamo una serie di aperture ordinarie che riprenderanno ovviamente appena possibile insieme agli eventi collaterali aperti al grande pubblico; abbiamo poi una linea di sviluppo legata all'offerta museale rivolta alle scolaresche in gita con le quali negli ultimi anni - e almeno fino allo scoppio della pandemia - abbiamo avuto risultati eccellenti e perennemente in trend di crescita; infine, un terzo settore di sviluppo, che si lega fortemente al progetto CAPI al quale abbiamo aderito, che è quello che ha a che fare col tema dell'accessibilità. Accessibilità intesa sia nel contatto del pubblico con la struttura museale in sé, sia per tutta una serie di attività e di laboratori che abbiamo predisposto in questi ultimi anni. Abbiamo deciso di investire innanzitutto in formazione e di conseguenza abbiamo già attivato da ormai qualche anno attività e laboratori legati per esempio alle persone con Alzheimer che vengono ospitati della struttura museale e all'interno del museo interagiscono e vivono esperienze sicuramente differenti da quella che è la routine a cui sono abituati e che sono per loro momenti di svago e rigenerazione. Abbiamo avuto da questo punto di vista ottimi riscontri. Oltre a questo progetto, una nostra collaboratrice, Alessandra Nardini, ha anche attivato una linea di sviluppo legata al pubblico con autismo: abbiamo dato avvio a dei laboratori, poi purtroppo, con la pausa forzata del COVID, abbiamo dovuto interrompere questo tipo di attività in presenza. Da questo punto di vista, il progetto CAPI è sicuramente strategico proprio nella creazione di una serie di strumenti che possono andare incontro a questi tipi di esigenze per ampliare le possibilità e le potenzialità di queste attività che svolgiamo con questo genere di pubblico e che intendiamo estendere a una platea più vasta proprio attraverso le soluzioni di realtà virtuale e videoludica che gli assegnisti stanno elaborando. Legato a questo, concludo dicendo che all'interno del progetto CAPI ci sono anche una serie di partner e di collaboratori che abbiamo scelto sul territorio che si occupano in varia misura di vari tipi di disabilità sia fisica che cognitiva. Ritengo che la seconda fase di sviluppo di questo progetto, che contemplerà l'incontro con queste realtà, potrà essere molto significativa perché probabilmente permetterà, strumento alla mano, di operare nuove soluzioni che si possano basare anche sul digitale e sul virtuale da utilizzare direttamente all'interno della struttura museale. Allo stesso modo, potranno essere anche sfruttate a distanza, ovvero online, dal momento che spesso abbiamo a che fare con un pubblico che può avere difficoltà a spostarsi. Ritengo quindi che il progetto sia veramente un'ottima possibilità di sviluppo di queste attività per saldare ulteriormente il rapporto col territorio nelle occasioni in presenza e per estenderle a una platea più vasta anche attraverso l'uso del web e del virtuale.

SB - Mi collego parzialmente al tuo discorso, Federico, e lancio un secondo spunto di riflessione per tutti quanti: il progetto CAPI è iniziato casualmente proprio in corrispondenza della crisi pandemica, ovvero quando il virtuale da semplice "medaglietta" da esibire attaccata alla giacca, è diventata una necessità vera e propria e il ruolo delle nuove tecnologie ha subito una mostruosa accelerata. Lo abbiamo visto tutti in questo ultimo anno e poco più. Per quanto possiamo ovviamente sperare che la situazione migliori e si stabilizzi, io non credo che questo processo digitale e virtuale si arresterà. Serve però, a mio avviso, un approccio che sia definitivo, che sia strutturale, che non sia improvvisato come le emergenze e le necessità spesso impongono. Un approccio che possa dare un valore aggiunto soprattutto alla formazione dei bambini, dei ragazzi e al modo di comunicare a loro la storia e l'archeologia.

MV - Riallacciandomi a Federico, ma anche un po' a quello che è stato detto prima, sapete come la penso: per noi la comunicazione è l'ultima parte del nostro lavoro, non è una parte accessoria. E Poggibonsi, come altri luoghi in cui lavoriamo - penso a Miranduolo, a San Galgano, allo scavo di Santa Cristina in Caio - noi li abbiamo sempre raccontati a tamburo battente, giorno per giorno, continuamente, quasi in maniera maniacale perché l'importante è comunicare. Comunicare non è solo aprire una paginetta web, Facebook o Instagram. Comunicare significa mettere in condivisione dei contenuti, senza banalizzare e raccontando in linguaggio semplice dei concetti complessi. Questa è la mia e la nostra filosofia come gruppo di lavoro e questa portiamo avanti facendo in modo che le informazioni che produciamo abbiano un'utilità sociale. Che significa questo? Negli anni 70 si diceva "portare la cultura alle masse". Noi lo stiamo facendo realmente, senza ergersi in torri d'avorio, senza puzza sotto il naso. La vera democratizzazione del dato è questa: è raccontare a tutti, per tutte le utenze, per tutte le fasce di pubblico, al di là della sua preparazione intellettuale. Tutto questo ha a che fare con l'etica, perché si insegna alle persone a ragionare, si dà un messaggio, si danno degli esempi. È poi anche un modo di operare che ha a che fare con la riappropriazione del paesaggio, sia nel reale che nel virtuale. "Socializzazione", altro elemento fondamentale: questo, chiaramente, avviene un po' di più sul luogo fisico ma avviene anche tramite la rete. Avendo già da tempo questa impostazione di lavoro, la pandemia non ci ha trovato scoperti, anzi, eravamo già molto attivi su tutte queste linee. La pandemia, semmai, ci ha solo fatto raffinare alcuni dei nostri strumenti. Per noi, raccontare in rete era, è stata ed è ancora quotidianità dal 2000. Per Poggibonsi è stato così dall'apertura dell'Archeodromo, cioè dall'ottobre 2014. Come professionisti, dobbiamo continuare a raccontare perché è così che si può forse creare "il bisogno di archeologia" e far capire che l'archeologia non solo ha la sua utilità sociale, ma anche un'utilità economica: come diceva giustamente Nicola, la cultura deve creare posti di lavoro. Anche questo è un messaggio etico che come docente sento di dover sviluppare: cioè dare la possibilità alle pletore di laureati che escono dai nostri corsi di poter fare questo lavoro, chiaramente in maniera flessibile, adattandosi, specializzandosi - ho sentito parlare spesso di nuove forme di professionalizzazione, nuovi mestieri che ci saranno - dando però, come dicevo, la possibilità a chi ha studiato di fare realmente il nostro mestiere, di portare utilità nella società in cui opera, nella comunità in cui lavora. Questa è la grande lezione che il mio maestro Riccardo Francovich ci ha dato. Lui che non sapeva neanche cos'era l'archeologia pubblica ma la faceva ampiamente, perché tutto questo di cui stiamo parlando, anche sul virtuale, è a pieno titolo archeologia pubblica. Significa arrivare a tutti, significa non solo mandare dei messaggi, ma creare dei circuiti non solo intellettivi ma anche economici. Quindi questo nostro modo di operare non ci ha fatto trovare con le spalle scoperte e proseguirà, anche perfezionandosi, perché le realtà archeologiche vanno raccontate a tutto tondo, con tutti i mezzi.

Altra cosa che dobbiamo fare è riuscire a emozionare se vogliamo lavorare bene. I paralleli che ho sentito stamattina con il romanzo storico, che io stesso ho usato più volte in passato, sono perfetti. Nel racconto che usiamo come cornice narrativa per il pubblico c'è uno sfondo reale in cui si possono muovere anche elementi interpretativi. Alla fine anche la ricostruzione è questo: vale per la ricostruzione sia fisica, nel caso degli archeologi che fanno reenactment, sia per le ricostruzioni in realtà virtuale o del videogame su cui stiamo lavorando. Mi piace citare spesso una frase di Rolf Jensen, questo grande economista danese, che anticipando tutti alla fine degli anni 90 disse: "Si venderanno solo i prodotti che sapranno emozionare le persone e che sapranno raccontare storie". Questa è una grandissima verità e su questo bisogna proseguire, puntando sulle emozioni delle persone. L'emozione è produttiva e tutto quello che noi facciamo deve andare in questa direzione e questa direzione è un lavoro.

SB – Assolutamente, anche perché su questi aspetti del futuro e dell'emozione si vede, ad esempio, la trasformazione nel modo di fare pubblicità: fino a dieci anni fa si pubblicizzava l'oggetto, oggi si tende a pubblicizzare una storia. Poi, un altro aspetto molto importante per quanto riguarda il discorso riguardante il romanzo storico e il rapporto tra aspetti di fantasia e verosimiglianza: se noi costruiamo contenuti storicamente attendibili in un palinsesto storicamente reale, non sappiamo se un episodio è successo o no, se è "vero" o no. Non lo sappiamo perché non abbiamo la macchina del tempo, ma può essere verosimile, non raccontiamo una storia fantasiosa.

MV - Noi raccontiamo scenari plausibili perché l'archeologia è molto dipendente dalla soggettività di chi scava: uno più uno in archeologia spesso fa quattro, non fa due. Nessuno ha delle verità assolute nel nostro mestiere, per fortuna! Cito una frase famosa di Indiana Jones che uso spesso: "L'archeologia si dedica alla ricerca dei fatti, non della verità. Se vi interessa la verità, l'aula di filosofia del professor Tyre è in fondo al corridoio". È così, alla fine noi cosa raccontiamo con le ricostruzioni? Modelli storiografici che ci siamo costruiti sulla base del dato archeologico, chiaramente sulla base di un mestiere, sulla base anche di determinati codici interpretativi, di regole, di studi che abbiamo fatto. Ma noi alla fine raccontiamo un modello.

MA – Nel mio caso, proverò a dire quello che ho in testa suddividendolo in due parti distinte. La prima riguarda la pandemia. Noi, come azienda, lavoriamo da remoto da cinque anni quindi praticamente, al di là degli eventi in presenza che non abbiamo potuto fare, non è cambiato assolutamente nulla, anzi, proprio in virtù del fatto che tutti si sono buttati sul digitale, il lavoro non si è raddoppiato, ma forse anche triplicato. Volevo poi fare un passettino indietro e dire una cosa a Nicola. Voi avete la fortuna di avere a Poggibonsi un unicum in Italia, ovvero l'Archeodromo. Secondo me il primo passo da fare è avere la consapevolezza di avere qualcosa nella vostra città che non c'è da altre parti. Quindi, se siete bravi a sfruttare questa possibilità e farla diventare un modello di business, secondo me non solo aiutate l'Archeodromo, ma aiutate tutta la città di Poggibonsi che beneficerà dello sviluppo del vostro programma. Per cui io vi invito a ragionare su questo: un asset del genere ce l'avete solo voi, per cui approfittatene perché dall'altra parte avete persone che sono disposte a portare avanti con voi un progetto secondo tutti crismi. Infine, rispetto a quello che dice Marco, io voglio solo aggiungere una cosa. È vero che l'archeologia racconta storie, che le ricostruzioni vengo fatte sulla base di fonti storiche e che devono suscitare emozioni, è tutto giusto ed è una cosa che condivido pienamente. Però è anche vero che quando questa palla passa dal mondo pubblico al mondo privato, io come azienda privata devo per forza mettere in conto il fatto che noi ci dobbiamo mangiare. Quindi, quello che suggerisco è trovare un modello di business adeguato, rivolgerci al mercato giusto per fare in modo che tutto questo che voi dite sia però anche fonte di guadagno per tutti gli attori chiamati in causa. Noi in questo caso, per questo progetto, abbiamo fatto un passetto in più, che è peraltro in linea con la nostra consueta politica aziendale che ci ha portato spesso a investire una parte di quello che guadagniamo sul territorio,

SB – Certo, assolutamente vero, ma reinterpretando, se posso permettermi, sia le parole di Nicola che quelle di Marco, credo che intendessero un modello di sviluppo sostenibile nel senso di uno sfruttamento sostenibile del paesaggio e della risorsa culturale ma che ovviamente, essendo un modello di sviluppo, debba prevedere eccome lo scorrere di denaro. Quello è fisiologico e naturale.

FS - Io posso ricollegarmi a quanto ha già detto in precedenza Marco Valenti. Nell'esperienza che abbiamo in corso proprio all'Archeodromo, prima ho parlato degli aspetti inerenti l'accessibilità, adesso forse vale la pena di approfondire il rapporto molto stretto che abbiamo creato con le scuole e con il mondo didattico proprio rifacendomi alle parole di Marco, cioè la capacità, lo sforzo che va fatto nel raccontare un modello attraverso delle storie, lo storytelling e quant'altro. Lavorare con il giovane pubblico - che nel nostro caso è prevalentemente un pubblico comprendente le ultime classi delle elementari e le scuole medie - richiede un grande sforzo, ma bisogna anche dire che abbiamo di fronte una platea che è veramente molto ricettiva. Un pubblico, quello dei ragazzi che vengono in gita, estremamente sollecitato al confronto, alla dialettica, che ha in sé ovviamente la capacità di scherzare, di sottolineare le contrapposizioni fra il mondo che vivono loro e quello in cui si trovano catapultati quando vengono all'Archeodromo. Proprio quest'aspetto della dialettica che si crea fra contemporaneo e bolla storica è un meccanismo di apprendimento eccezionale e che riscuote grande successo sia in termini di divertimento sia in termini di educazione e conoscenza.

Da questo punto di vista, dopo le prime esperienze, quando abbiamo capito qual era il grado di ricettività dei ragazzi, abbiamo ritenuto importante strutturare anche le attività didattiche e le gite in maniera molto organizzata, proprio come diceva Valenti in precedenza. Ciascuno di noi si presenta come un personaggio storico: chi fa il falegname, chi il fornaio, chi il fabbro, chi il dominus... E ciascuno, nel dialogo con i ragazzi - un dialogo che avviene spesso anche attraverso modalità scherzose e soprattutto sulla base dell'esperienza diretta, facendo provare i mestieri, le attività quotidiane - contribuisce a far sì che i ragazzi escano dal questo circuito esperienziale avendo acquisito dei concetti completi e dettagliati. Per fare un esempio: il fornaio che si approccia ai bambini e fa impastare il pane in realtà dà loro tutta una serie di nozioni su quella che era l'alimentazione, non solo intesa come "cosa si mangiava", ma come specchio di una struttura sociale e produttiva in cui il fornaio è parte fondamentale all'interno del villaggio. Lo stesso si può dire per il falegname che si trova a lavorare il legno e che quindi ha un ruolo preponderante in tutto ciò che riguarda l'edilizia in quel periodo o per il fabbro che può raccontare anche degli aspetti commerciali, degli scambi, dell'importazione e della lavorazione delle materie prime. E quindi, ricollegandomi a quanto si era detto all'inizio di questo secondo giro di riflessioni in riferimento ai bambini e ai ragazzi, penso che questo modello sia veramente calzante per quel tipo di età, anche se poi vale anche per gli adulti che quando vengono all'Archeodromo si riscoprono bambini. L'aspetto ludico è sempre strettamente connesso alle attività che proponiamo, abbiamo visto anche persone di età avanzata divertirsi nel toccare la storia e penso che l'aspetto esperienziale che si può sviluppare sia importantissimo in tal senso. Concludo dicendo che il digitale, il videogioco, la visita virtuale possono rappresentare per i ragazzi un modo per dare continuità a ciò che hanno visto e vissuto. La visita diretta, che ritengo comunque sempre fondamentale, è un'esperienza che poi i ragazzi, proprio attraverso questi strumenti, possono approfondire in classe con la LIM, da soli giocando al videogame, a casa andando a rivedere i posti in cui sono stati e approfondendo i temi che son stati affrontati. Ritengo quindi che tutto ciò che è virtuale, tutto ciò che è promosso con il progetto CAPI possa veramente essere considerato un'appendice fondamentale per dare continuità all'esperienza diretta e in presenza.

SB – A questo punto vorrei proporre a un ultimo giro di pensieri e di riflessioni arrivando a quello che è il tema, l'argomento e la domanda iniziale proprio della tavola rotonda: qual è il futuro dell'Archeodromo tra ciò che deve essere reale e ciò che può essere virtuale?

NB - La mia risposta è semplice e pragmatica: per me, parlare di futuro dell'Archeodromo significa completarlo il prima possibile. Noi ci stiamo adoperando per far sì che accada, perché se non si completa chiaramente io non do strumenti a chi valorizza un territorio e non do strumenti per poter realizzare appieno quelli che sono i nostri progetti. Quindi per me il futuro è la realizzazione definitiva, con tutti i crismi che ci siamo posti. Rispetto a quello che diceva Maurizio prima, certo che lo sappiamo, per noi i pilastri che ci guidano sono due: uno è il rigore scientifico, l'altro è l'unicità. Di questo noi siamo consapevoli e coscienti e su questo noi ci muoviamo e abbiamo assolutamente intenzione di proseguire. Senza questi due pilastri, tutto ciò che abbiamo costruito decade. Sappiamo che siamo unici ma che dobbiamo lavorare con rigore scientifico e per lavorare con rigore scientifico non ci possiamo improvvisare: è un mestiere, come diceva Marco, e ci sono persone che questo mestiere lo fanno, non ci si può affidare agli amministratori. Gli amministratori sono quelli che condividono questo percorso e che provano a inserirlo nei canoni della pubblica amministrazione, ma poi c'è un mestiere vero e proprio che non spetta a me ed è quello che assicura il rigore scientifico e spetta a voi che siete qui e a cui noi ci affidiamo. Ascoltare le parole del professor Valenti è sempre emozionante, quello che ha detto nel suo intervento precedente almeno a me fa percepire come anche fare archeologia alla fine non sia altro che fare politica con la P maiuscola. Oserei dire persino "più maiuscola" di quella che istituzionalmente io faccio tutti i giorni perché ha toccato dei temi che sono anche spartiacque ideologici, come l'accessibilità, l'etica, la socializzazione, il rispetto del territorio. Ecco, io sono contento quando sento parlare di questi temi, per me anche questo è unicità e rigore scientifico. Per me anche questo è investire nel futuro. Chiudo anche io con una citazione di Joe Strummer che in delle sue frasi più famose dice che "il futuro non è scritto". Non lo è nemmeno per noi, il nostro compito è proprio quello di scriverlo e di farlo insieme mettendo in pratica tutto quello che voi avete detto, attraverso la digitalizzazione, attraverso l'utilizzo di nuove tecnologie, attraverso la passione delle persone, attraverso il lavoro quotidiano.

MV - Nicola è stato chiaro, se si parla di futuro anche io faccio una citazione musicale, come cantava il buon Enrico Ruggeri: "Il futuro è un'ipotesi, forse il prossimo alibi". Il futuro purtroppo non si può sapere, però un dato certo c'è, a mio parere: il gruppo di lavoro e di sviluppo che si è composto, fatto di pubblico e di privato mi sembra abbia le idee chiare su dove andare e sappia anche che ci vogliono le risorse per procedere. Quindi dovremmo lavorare in questa direzione per costruire un progetto ancora più forte e più sostenuto economicamente, per coprire tutti gli aspetti, dalla materialità al virtuale. Anche perché, lo dico con soddisfazione e orgoglio, aver investito realmente sulla storia di una comunità con l'impegno del Comune, ha significato vincere una sfida. Prima Poggibonsi era conosciuta soprattutto perché era la patria del camper, una città soffocata fra i colossi del turismo culturale: Siena, Monteriggioni, San Gimignano, Firenze. Una cosa che mi fa rabbia ma che mi piace ricordare è che la famosa guida turistica Lonely Planet, nel 2007 scrisse: "A Poggibonsi non fermatevi, proseguite per altre mete". Ora la cose sono un po' cambiate. Un piccolo esempio: in quattro anni, dal 2015 al 2019, contando solo le gite, quindi considerando i mesi che vanno da metà febbraio a maggio, in oltre 16.900 fra alunni e docenti sono venuti a Poggibonsi, molti fermandosi anche a dormire dopo la visita all'Archeodromo. Numeri che prima non c'erano. Come mi dimostrò l'assessore Fabio Carrozzino, dall'apertura dell'Archeodromo nell'ottobre 2014, i valori degli arrivi e delle presenze sono sempre cresciuti. Non dico sia solo merito dell'operazione che stiamo facendo, ma molto sì. Abbiamo avuto venti passaggi televisivi in trasmissioni di primo piano che hanno raccontato questa operazione, il che ha portato la conoscenza di Poggibonsi ben oltre i limiti anche più ottimistici che ci potevano essere all'inizio. Consideriamo poi il continuo interesse dei giornali, e che siamo stati contattati da piccole case produttrici per ambientazioni cinematografiche. Tutto questo significa aver creato un circuito virtuoso che ci sta portando anche in terreni che neanche immaginavamo. Tutte opportunità che riusciamo a cavalcare per sviluppare ancora di più il progetto. Un'operazione del genere alla fine produce non solo cultura ma anche economia e su questo noi dobbiamo andare avanti. Perché, ripeto, e parlo da archeologo, noi dobbiamo avere un'utilità sociale come attori della ricerca. Fare questo mestiere deve avere un riscontro tangibile sull'economia, deve essere un altro volano economico che si aggiunge a quelli che già esistono in una comunità. Vanno fatti progetti sostenibili al cui interno stia la ricerca e nella ricerca includo tutte le modalità di racconto compreso tutto ciò che abbiamo visto in questi due giorni, che devono costituire un unico pacchetto da portare avanti perché la strada ormai è questa, non si torna indietro, non si può tornare indietro. Mi ha sempre colpito che la popolazione di Poggibonsi, quando lo nomina, dice o scrive "il nostro Archeodromo". Lo sentono loro, sono orgogliosi che sia ormai noto a livello nazionale ed internazionale, vuol dire che abbiamo fatto un'operazione importante di recupero della storia.

MA - Per quanto riguarda il futuro dell'archeodromo, io penso che da parte nostra ciò che possiamo fare è dare la massima disponibilità alle altre persone che siedono allo stesso tavolo per fornire la nostra professionalità nel modo più completo possibile. Come ho detto all'inizio, per noi questo è un investimento, non tanto in termini economici, ma proprio per una questione progettuale, perché ci crediamo. Quando ho visitato per la prima volta l'Archeodromo sono rimasto così colpito - non solo dalle ricostruzioni, ma proprio dall'idea che c'è dietro - che appena è arrivata la proposta di partecipare al progetto CAPI, ho subito accettato. Io mi auguro ovviamente che tutta la parte fisica, materiale dell'Archeodromo vada avanti perché quell'aspetto è bellissimo. Per quanto riguarda invece il livello progettuale legato al digitale, noi siamo tranquillamente disponibili a sederci a un tavolo condiviso per fare la nostra parte anche in futuro. Un futuro che vedo come il risultato di una collaborazione fra più soggetti, diversi per competenze, che camminano nella stessa direzione. Quanto più bravi saremo a parlare tra di noi e a mescolare le nostre professionalità, tanto più bello sarà il risultato del progetto finale.

FS – Per quanto riguarda Archeòtipo, quindi una realtà privata, nata come spin-off dell'Università degli Studi di Siena, ci troviamo a collaborare continuamente in un network basato sull'incontro fra pubblico e privato. Il futuro dell'Archeodromo come Archeòtipo lo immaginiamo alla ricerca di nuovi "clienti" e qui torna centrale il tema dell'accessibilità. La gestione che stiamo operando all'Archeodromo non è una gestione convenzionale: non è una gestione top-down basata su assunzioni in partenza, ma una gestione che parte e nasce dalla ricerca di nuovi pubblici, nuove attività attrattive da proporre. Quindi, se devo pensare al futuro di Archeòtipo all'interno dell'Archeodromo e del parco di Poggibonsi, lo vedo impegnato nella ricerca viscerale di nuovi flussi turistici e nuovi strumenti per approcciare l'interesse della gente. Quindi le idee, le emozioni a cui faceva riferimento prima il professor Valenti, quello dovrà essere per noi come società che gestisce l'attività, il punto focale di sviluppo, anche perché da queste idee e da questa ricerca di nuovi pubblici nascono nuove opportunità. Da questo punto di vista il progetto CAPI può già rientrare in ciò che è il futuro dell'Archeodromo: un investimento che è stato fatto proprio in questa direzione, per allargare la platea dei visitatori, per aumentare gli strumenti a nostra disposizione, per elaborare nuove idee e nuovi approcci col pubblico.

La "fine" ed un nuovo inizio: il Metaverso in archeologia

Stefano Bertoldi, Samanta Mariotti

Oltre a voler essere occasione per presentare lo stato di avanzamento del lavoro all'interno del progetto CAPI, i cui risultati parziali sono già stati pubblicati (Bertoldi 2021; Mariotti 2020), l'intento del seminario internazionale "The Past as a Digital Playground: Archaeology, Virtual Reality and Video Games" era quello di gettare le basi per una discussione sul potenziale e sulle sfide che ruotano attorno all'utilizzo di strumenti digitali interattivi in ambito archeologico.

Per quanto infatti l'utilizzo di tecnologie digitali in archeologia sia già ampiamente sdoganato e queste stesse abbiano pervaso ogni aspetto della produzione di conoscenza archeologica, dalla raccolta dei dati, alla loro analisi e interpretazione fino all'interazione con il pubblico, come testimonia l'impiego ormai diffuso di strumentazione altamente innovativa (stazioni totali smart, laser scanner, droni, termocamere, ecc.) e di ricostruzioni tridimensionali, molte di queste innovazioni rischiano di rimanere soluzioni valide, ma con un impiego limitato alla documentazione sul campo e nel migliore dei casi alla pubblicazione dei risultati delle ricerche su qualche rivista o monografia specialistica e sui pannelli esplicativi di un sito o un museo. Per quanto la resa grafica possa essere ben realizzata e accattivante, molto spesso ai visitatori resta ben poco del portato informativo che tali soluzioni riescono a veicolare.

Di contro, come è emerso chiaramente anche dagli interventi dei vari relatori del seminario, le tecnologie immersive, come la realtà virtuale e i videogiochi che si basano sull'emulazione di un ambiente o di una realtà fisica, permettono agli utenti di "entrare" dentro e rivivere un mondo passato, esplorarlo, interagire con oggetti e personaggi, avendo al contempo la possibilità di ricevere informazioni, utilizzarle nell'ambiente virtuale stesso e sperimentare quello che in psicologia viene definito "senso di presenza", ovvero quella sensazione di trovarsi fisicamente immersi in un luogo seppur virtuale (Riva *et al.* 2003). Si tratta di un coinvolgimento che si innesca a livello delle emozioni e, proprio per questo, profondo, efficace e durevole. L'emozione è inoltre un catalizzatore fondamentale per quanto riguarda l'apprendimento: ecco dunque come le caratteristiche congenite di questi strumenti contribuiscano a renderli particolarmente adatti per una comunicazione efficace con riscontri importanti anche sul fronte educativo.

Realizzare "tangibilità", seppur virtuale, utilizzando un metodo educativo *bottom-up*, significa anche perseguire lo sviluppo attraverso il movimento, l'apprendimento con un approccio *problem solving* e, in definitiva, mutuare la conoscenza in competenza.

In un mondo sempre più interconnesso, la tecnologia ha ormai inevitabilmente condizionate anche il nostro modo di informarci, fare ricerca, e imparare. Questo è tanto più vero per i ragazzi più giovani (ormai pienamente "nativi digitali") le cui modalità di apprendimento sono influenzate dall'ambiente esterno e dagli stimoli con i quali sono cresciuti. In un contesto del genere, anche la comunicazione e l'educazione – tanto più in ambito culturale – non possono non tenere conto di questi epocali cambiamenti (Mariotti 2021). Venendo al nostro specifico ambito, essere archeologi oggigiorno implica molto più di quanto non facesse venti anni fa. Oltre a una solida preparazione di base, oggi c'è bisogno di archeologi orientati al digitale e in grado di conoscere e comprendere le attuali esigenze del lavoro sul campo, intendendo con questo, come abbiamo più volte specificato nel corso del seminario, tutte le fasi del nostro mestiere: dalle indagini preventive alla comunicazione dei risultati della ricerca in tutte le sue molteplici forme, fuori e dentro l'ambito accademico, spesso adottando un approccio multidisciplinare che tenga conto di altre professionalità (Mariotti 2020b).

Tra i temi più discussi in relazione al patrimonio culturale in questi ultimi anni in cui la pandemia ha ulteriormente evidenziato limiti, lacune e ritardi da parte delle varie istituzioni preposte alla tutela e alla valorizzazione, ci sono stati, giusto per citarne alcuni: la democratizzazione, la partecipazione, la sostenibilità, l'accessibilità. Per quanto, ad esempio, con la ratifica della Convenzione di Faro (Council of Europe 2005), si siano confermati tutta una serie di impegni e si sia compiuto, almeno sulla carta, quel passaggio apparentemente semplice ma di grande significato che sposta il focus dal "bene" (l'oggetto) alle "comunità di patrimonio" (i soggetti), non solo tirate in causa per i diritti che hanno nei confronti del patrimonio culturale, ma anche chiamate ad agire in nome di una responsabilità individuale e collettiva, sfortunatamente, ci ritroviamo ancora troppo spesso di fronte a programmi che trovano spesso scarsa applicazione quando si deve passare dalla teoria alla pratica.

Nel corso del seminario, tuttavia, è emerso chiaramente come le applicazioni immersive digitali siano già strumenti in grado di dare risposte concrete ed evidenti proprio in termini di democratizzazione, accessibilità, partecipazione e sostenibilità nell'ambito del patrimonio culturale.

D'altronde, in questi ultimi due anni, gli effetti della pandemia da COVID-19 hanno fatto emergere in maniera esplicita tutta una serie di criticità che da sempre influiscono sul modo in cui il patrimonio culturale viene percepito, valorizzato e fruito. Quanto è accaduto dunque, è stata anche occasione in alcuni casi per intraprendere un cambiamento necessario, che tardava ad arrivare ma che ora si presenta come passaggio obbligato: uscire definitivamente dal museo slegato dalle comunità e che non conosce e condivide i suoi linguaggi (Agostino *et al.* 2020). La relazione tra digitale e spazio culturale – che si tratti di un museo o di un sito archeologico - non va intesa e non si limita alla sola questione della virtualità, del migrare le immagini della collezione, le strutture e i contenuti all'interno di tour virtuali. Si tratta invece di dare una diversa forma a questi luoghi reali mantenendo la relazione con lo spazio fisico che abbiamo conosciuto e che riconosciamo come il punto nel quale si elaborano le azioni. Significa trovare nuove forme narrative, in linea con la contemporaneità, per caricare di senso gli oggetti, le strutture e le storie che musei e siti archeologici custodiscono. Le risposte digitali al lockdown messe in campo dagli spazi culturali sono state per lo più improvvisate o riadattate per far fronte all'emergenza. Ma le soluzioni digitali richiedono tempo, formazione, competenze, e integrazione oltre alla volontà di investire parte del budget in comunicazione digitale. Non ci sono alternative.

L'eredità che possiamo sperare per quello che è accaduto è che non sia una soluzione transitoria ma che possa aprire e metaforicamente fare uscire i musei e tutti gli altri spazi culturali dalle proprie stanze. D'altra parte, basta rivolgere lo sguardo al passato per vedere quante volte i luoghi della cultura abbiano cambiato forma per adattarsi al contesto e alla domanda di cultura della comunità. Perché i siti, le collezioni, il loro studio e la loro valorizzazione sono e restano elementi centrali. È la molecola che cura. Ma servono i veicoli. E il digitale è il migliore veicolo che abbiamo oggi per diffondere la cura che la cultura può offrire alla nostra società.

E quindi, adesso cosa accadrà?

Il 2021 è stato un anno di accese discussioni attorno al futuro di internet. Il web 1.0 era una rete di sola lettura, mentre il web 2.0 ha abilitato anche i non esperti alla creazione di contenuti. Negli ultimi mesi poi, abbiamo assistito a un ulteriore passo in avanti: con la "benedizione" di Mark Zuckerberg che ha investito ingenti risorse sul suo sviluppo, il Metaverso è diventato un argomento entrato nel linguaggio comune, affiorando come novità in grado di stravolgere il futuro del web e il modo in cui percepiremo la realtà. Nonostante la recente presa di coscienza globale, il Metaverso è tuttavia una teoria già esistente da oltre un decennio, che venne coniata dallo scrittore Neal Stephenson nel romanzo "Snow Crash" del 1992 (I edizione italiana, Stephenson 1995). La parola significa "Oltre" (Meta) "Universo" (Verso), descrivendo quindi uno spazio al di là dell'esperienza tangibile e per certi aspetti naturale che l'umanità ha sempre conosciuto e sperimentato, adattando le proprie capacità cognitive e fisiologiche.

Per quanto ambienti tridimensionali multiutente già esistano e vengano utilizzati anche in contesti di apprendimento accademico, al momento sussistono ancora diverse problematiche da risolvere. Queste riguardano principalmente l'hardware, la capacità di banda necessaria, la potenza computazionale, gli standard per garantire l'interoperabilità tra esperienze diverse. Tuttavia, gli enormi investimenti da parte delle principali aziende internazionali in high tech (oltre a Meta, anche Microsoft, Roblox, Epic Games, Tencent, Alibaba e ByteDance hanno già investito milioni di dollari sullo sviluppo del progetto) fanno prevedere come il Metaverso sarà la vera sfida digitale dei prossimi 10 anni.

Da archeologi, a questo punto viene da chiedersi come questi progressi tecnologici possano essere sfruttati per i nostri scopi, per far sì che la comunicazione del patrimonio archeologico possa da un lato godere di innovazioni tecnologiche all'avanguardia e dall'altro risultare accattivante e coinvolgente per un pubblico i cui modelli di fruizione sono già fortemente influenzati da un modello "phygital" (che risente cioè dell'integrazione tra mondo fisico e digitale) e saranno in futuro sempre più condizionati da queste inarrestabili rivoluzioni digitali.

Il progetto CAPI, da questo punto di vista, potrebbe considerarsi a tutti gli effetti sia come una base di partenza che ci ha permesso di sperimentare con le tecnologie virtuali immersive applicate a un contesto archeologico e museale, sia come un trampolino di lancio verso una sfida, quella della creazione di un Metaverso dedicato al passato, in cui sia possibile permettere agli utenti, tramite la loro immagine a tre dimensioni, di entrare, muoversi e sperimentare dentro un preciso momento storico ricreato tramite un'ambientazione accurata e personaggi del tempo, interagire con essi e con gli altri utenti, con lo spazio e con gli oggetti ricostruiti grazie all'intelligenza artificiale (quindi non seguendo schemi già predisposti come in un virtual tour o in un serious game, ma in maniera totalmente libera) e l'implementazione di un database di reperti archeologici tridimensionali, catalogati, classificati e datati.

Va da sé che le potenzialità di uno strumento simile sono molteplici e variegate. Un ambiente virtuale come questo si presta innanzitutto a essere particolarmente adatto per qualsiasi intento legato alla formazione, da quella specialistica a quella rivolta a un pubblico generico (Correa Louro 2009): potrebbe essere usato indistintamente in ambito accademico sia come vero e proprio strumento didattico che come database di dati relativo a tutto ciò che riguarda la cultura materiale di un determinato periodo storico (si pensi, ad esempio, a come gli oggetti reali provenienti dallo scavo possano essere scansionati in 3D e inseriti nel mondo virtuale). In questo modo si avrebbe una sorta di catalogo tridimensionale, un vero e proprio magazzino digitale, a disposizione di chi studia aspetti come produzione, datazione, distribuzione, avendo inoltre la possibilità di uno spazio condiviso per il confronto e la discussione.

Immaginiamo anche uno spazio dove stoccare la documentazione tridimensionale dello scavo, sviluppandola attraverso la ricostruzione 3d delle emergenze (Gaafar 2021), con modalità simili a quelle progettate e realizzate per l'Extended Matrix (Demetrescu 2018); utilizzando anche un acceleratore temporale che permetta di valutare processi di lento degrado (come gli abbandoni) e momenti di puntuale defunzionalizzazione (incendi, terremoti), ma anche attività di spolio e processi post deposizionali. Osservare quindi in tre dimensioni e attraverso una simulazione verosimile, come si è formato il deposito antropico e naturale che scaviamo e studiamo.

Oltre vent'anni fa iniziò una vera e propria corsa alla sperimentazione e implementazione dei GIS 3d, soprattutto in seguito alla commercializzazione dei laser scanner 3d; una sfida a cui partecipò direttamente anche il LIAAM, attraverso l'uso del laser scanner nello scavo di Miranduolo e in altri contesti (Peripimeno 2009).

L'obiettivo, dichiarato più volte, era quello di costruire un GIS visualizzabile ed interrogabile in tre dimensioni e più precisamente di valutare la volumetria degli strati che gli archeologi scavano; ovvero tradurre, per quanto possibile, l'approccio umanistico tipico della disciplina, in una sorta di esperimento scientifico ripetibile in laboratorio.

Quasi al termine di questa stagione, nella sede del VII workshop ArcheFOSS del 2011 (i cui atti sono stati parzialmente pubblicati, Serlorenzi 2013), una sessione venne dedicata proprio ai sistemi GIS/SIT provvisti di funzionalità 3d; tra presentazioni, che comunque portavano avanti progetti interessanti sia da un punto di vista metodologico sia per risultati, non apparve mai un vero e proprio GIS 3d, per come era stato teorizzato in origine.

Alla luce del progresso tecnologico e con l'avvento (presente e futuro) di nuove opportunità nel panorama digitale, il miraggio del GIS 3d è forse finalmente possibile.

Tornando a esaminare il potenziale di un Metaverso archeologico, innumerevoli sarebbero anche i benefici per un pubblico di non specialisti: la possibilità di immergersi, agire e interagire in un mondo che materialmente non esiste più, andrebbe a intercettare non solo il bisogno di cultura dell'utente medio appassionato del passato, ma anche un desiderio magari molto più diffuso di fare davvero un salto indietro nel tempo e vivere una realtà altrimenti inaccessibile. Interagire con i personaggi del tempo, avere l'occasione di sperimentare in prima persona, immergersi anche a livello di sensi ed emozioni in questo contesto, sono tutti aspetti che concorrerebbero non solo a comunicare in maniera efficace, ma anche a promuovere un apprendimento attivo legato all'esperienza e al "fare" seppur in un mondo virtuale.

Le conseguenze di una simile possibilità vanno a toccare anche gli aspetti turistici legati al luogo fisico da cui tutto prende avvio e a cui è importante fare riferimento. A questo proposito, vale la pena ribadire come gli strumenti digitali non debbano essere visti come deterrenti dal recarsi fisicamente in un sito o un museo. Al contrario, vanno pensati come strumenti volti a valorizzare questi luoghi e a far sì che siano accessibili a quante più persone possibili. Il digitale - lo abbiamo visto durante la pandemia quando l'accesso ai luoghi della cultura è stato interdetto a tutti - deve essere considerato un mezzo per favorire una diffusione della cultura quanto più democratica, inclusiva e condivisa possibile. Nel panorama globale di pubblico potenziale di un sito o un museo (a meno che non si parli del Colosseo o di una manciata di altri luoghi che per fama e popolarità rappresentano i grandi attrattori turistici mondiali) va considerato che solo una piccola percentuale di persone potrà permettersi di visitarli (senza contare anche coloro che per delle disabilità fisiche importanti sono del tutto esclusi dalla fruizione di certi luoghi). Se si considera invece il numero di persone che possono visitarli "virtualmente" tramite un banale accesso a internet, i numeri cambiano considerevolmente.

L'idea dunque di partire dal progetto CAPI per sviluppare un Metaverso di un mondo passato sulla base di un progetto di ricerca archeologica ormai consolidato come quello di Poggibonsi ci sembra sempre più suggestiva e stimolante sebbene, innegabilmente, anche molto ambiziosa: un progetto del genere necessità per sua natura di essere multidisciplinare e di essere sostenuto da un cospicuo finanziamento, tanto più che il sistema su cui si regge è ancora in fase di sviluppo. Mettere le basi per realizzarlo significherebbe spingere all'estremo l'applicazione del digitale nel nostro ambito, verso mondi finora inesplorati ma dalle potenzialità smisurate, scommettere su una realtà intangibile che permetterebbe alla materialità del passato di raggiungere un pubblico potenzialmente illimitato a cui verrebbe offerta un'occasione che finora abbiamo visto solo nei film di fantascienza. Una sfida, in fin dei conti, ancora una volta in linea con l'approccio sperimentale e altamente innovativo che ha sempre caratterizzato il modo di fare ricerca all'interno del Laboratorio di Informatica Applicata all'Archeologia Medievale (LIAAM) del Dipartimento di Scienze storiche e dei beni culturali dell'Università di Siena.

Il pregiudizio nei confronti del digitale, in molte circostanze ancora ben radicato, va ormai certamente rivisto sulla base di quelli che sono gli effettivi risultati positivi che tali strumenti garantiscono e possono ancor più garantire da qui in avanti. Puntare su questi benefici, fare perno su essi in un'ottica di sfruttamento scrupoloso che tenga conto che il digitale, Metaverso declinato al passato compreso, sarebbe il mezzo mentre la democratizzazione della cultura, la comunicazione archeologica, la valorizzazione, la sostenibilità e un'accessibilità diffusa che consenta pressoché a chiunque di approcciarsi a un sito o a un museo sono il fine, significa promuovere un incontro di mondi: immaginarne uno virtuale in cui quelli del passato possano dialogare con quello del presente. Significa, in definitiva, portare nel futuro una sfida decisiva, oseremmo dire vitale, per il nostro Patrimonio.

Bibliografia

Agostino, D., M. Arnaboldi and A. Lampis 2020. Italian state museums during the COVID-19 crisis: from onsite closure to online openness. *Museum Management and Curatorship* 35(4): 362-372.

Bertoldi, S. 2021. C.A.P.I. Project in the Making: 3D Applications at Poggio Imperiale Between Materiality and Virtual Reality (Poggibonsi, IT). *Open Archaeology* 7(1): 1444-1457.

Correa Louro, L. 2009. METAVERSE - The Learning in the Immersive Worlds, in L. Morgado, N. Zagalo and A. Boa-Ventura (eds) *Proceedings of the SLACTIONS 2009 International Conference: Life, imagination, and work using metaverse platforms*: 142-144. Vila Real: UTAD.

Council of Europe 2005, Framework Convention on the Value of Cultural Heritage for Society (Faro Convention), viewed 14 March 2022, <https://rm.coe.int/1680083746>.

Demetrescu, E. 2018. Virtual Reconstruction as a Scientific Tool: The Extended Matrix and Source Based Modelling Approach, in S. Münster, K. Friedrichs, F. Niebling and A. Seidel-Grzesińska (eds) *Digital Research and Education in Architectural Heritage. 5th Conference, DECH 2017, and First Workshop, UHDL 2017 Dresden, Germany, March 30–31, 2017 Revised Selected Papers*: 102-116. Cham: Springer.

Gaafar, A.A. 2021. Metaverse in Architectural Heritage Documentation & Education. *Advances in Ecological and Environmental Research* 6(10): 66-86.

Mariotti, S. 2020a. Serious Games and Archaeology: Rough Notes on Crafting Archaeological Data for Heritage Enhancement, in A. de Carvalho Antunes, G. Angjliu, M. Bellanova (eds) *Advances in Cultural Heritage Studies, Year 2020. Contributions of the European Students' Association for Cultural Heritage*: 217-234. Oeiras: Mazu Press.

Mariotti, S. 2020b. What if "Lara Croft" Becomes a Video Game Designer? When Archaeologists "Dig" Serious Games, in I. Marfisi-Schottman, F. Bellotti, L. Harmon, R. Klemke (eds) *Games and Learning Alliance. GALA 2020 (Laval, France, 9-10 Dicembre 2020). Lecture Notes in Computer Science, vol. 12517*: 395-400. Cham: Springer.

Mariotti, S. 2021. The Use of Serious Games as an Educational and Dissemination Tool for Archaeological Heritage. Potential and Challenges for the Future. *magazén* 2(1): 119-138.

Peripimeno, M. 2009. Rilievo di monumenti e stratigrafie: l'uso del laser scanner, in V. Fronza, A. Nardin and M. Valenti (eds) *Informatica e Archeologia Medievale. L'esperienza senese*: 111-129. Firenze: All'Insegna del Giglio.

Riva, G., F. Davide, and W.A. Ijsselsteijn (eds.) 2003. *Being there: concepts, effects and measurement of user presence in synthetic environments*. Amsterdam: IOS Press.

Serlorenzi M. (ed) 2013. *ArcheoFoss. Free, libre and Open Source Software e Open Format nei processi di ricerca archeologica, Atti del VII Workshop (Roma, 11-13 giugno 2012), Supplemento 4 di Archeologia e Calcolatori*. Firenze: All'Insegna del Giglio.

Stephenson, N. 1995. *Snow Crash*. Milano: Shake Edizioni.